진정한 그리스도인
Real Christians

찰스 프라이스
Charles Price

네비게이토 출판사

네비게이토 선교회는
국제적이며 복음적인 기독교 기관이다.
예수 그리스도께서는 자기를 따르는 자들에게
"너희는 가서 모든 족속으로 제자를 삼으라"
(마태복음 28:19)는 지상사명을 주셨다.
네비게이토 선교회는 세계 모든 국가에서
예수 그리스도의 일꾼들을 배가시켜
이 지상사명을 성취하는 일을 돕는 것을
근본 목표로 하고 있다.

네비게이토 출판사는
네비게이토 선교회의 문서 선교를 담당하고 있다.
본 출판사에서는 그리스도인의 영적 성장을 돕는
서적과 자료들을 출판하여,
그리스도인의 삶의 기초가 견고한
헌신된 제자로 성장하고,
나아가 성숙한 인격과 지도력을 갖춘
일꾼이 되도록 돕고 있다.

차 례

추천의 말 5
1. 그리스도인의 삶의 원천 7
2. 아무것도 스스로 할 수 없음 21
3. 구원의 조건 41
4. 예수 그리스도의 주재권 59
5. 마음의 변화 77
6. 용서와 하나님의 공의 95
7. 내주하시는 성령 111
8. 성령의 증거들 127
9. 믿음으로 사는 삶 147
10. 말씀에 대한 순종과 하나님께 대한 신뢰 161
11. 그리스도 안에서, 그리고 행동으로 177

추천의 말

찰스 프라이스는 세계적으로 명성을 얻고 있는 영국의 목회자입니다. 뛰어난 위트와 유머 감각으로 말미암아 그의 메시지는 딱딱하지가 않으며, 실제적인 적용과 예화는 큰 유익과 도전을 줍니다. 그의 말은 단순하면서도 피상적이거나 추상적이지 않습니다. 그는 신학적인 주제를 다루면서도 장황하거나 논쟁으로 흐르지는 않습니다.

  기독교가 인간 중심적으로 변질되어 가고 있는 이 세대에 저자는 그리스도인들에게 그리스도 중심의 삶을 살도록 촉구합니다. 이 책은 그리스도께서 우리와 같은 사람들을 위한 분이시라는 것을 잘 알게 해줄 것입니다.

스튜어트 브리스코우

6   진정한 그리스도인

1

그리스도인의 삶의 원천

물묻은 손으로 비누를 쥐려고 애를 써본 적이 있습니까? 쥐었다 싶으면 어느새 다시 빠져나가 버립니다. 많은 그리스도인들이 영적인 삶에서 이와 비슷한 경험을 해왔습니다. 삶에서 살아 계신 주님을 경험하며 그분의 사랑과 은혜의 손길을 직접 체험하는, 기쁨이 넘치는 순간들이 있습니다. 우리를 향한 주님의 목적을 알게 되고, 또한 틀에 박히고 무의미해 보이기만 한 삶에 참 의미와 만족을 주는, 주님에 관한 진리들을 새롭게 배울 때는 흥분을 느끼기도 합니다. 때로는 확신 있고 생동감 넘치는 견고한 삶에 대한 기대와 소망으로 가슴이 설레기도 합니다. 그러나 이러한 생기 있는 그리스도인의 삶을 붙잡았다 싶으면 어느새 빠져 나가고, 그런 삶에 대한 기억과 함께 좌절감만 남는 경우가 많습니다. 이러한 사실을 바라보게 되면, 생동감이 넘치는 그리스도인의 삶을 지속할 수 없다는 절망감과, 앞으로도 결코 상태가 더 나아지지 않을 것이라는 두려움이 엄습해 옵니다.

그리스도인이 된 후 첫 몇 해 동안의 나의 삶이 바로 그러했습니다. 내가 구원받았다는 확신을 갖게 된 것은 어느 토요일 저녁 히어포드의 공회당에서였습니다. 그날 저녁 나는 아주 박진감 넘치는 영화를 보기 위해 거기에 갔습니다. 영화의 주인공은 오스트레일리아에서 있었던 빌리 그래함 전도 집회를 통해 그리스도께로 돌아온 사람이었습니다. 그날 저녁 공회당은 만원이었습니다. 나는 좌석을 구하지 못해 영화가 상영되는 약 2시간 동안을 꼬박 통로에 서 있어야 했습니다. 영화가 시작되고 이야기가 전개됨을 따라 나는 거기에 빠져 들기 시작했습니다. 오스트레일리아의 아름다운 산하를 배경으로, 그 영화는 그리스도의 필요성에 눈 떠 가는 한 남자의 생을 그리고 있었습니다. 나와 주인공은 삶에 공통점이 별로 없었지만, 영화를 통해 나 자신의 필요를 인식하게 되었습니다. 그 영화를 통해 새로운 어떤 내용을 알게 된 것은 아니었습니다. 그런 내용이라면 이전에도 종종 접해 왔기 때문이었습니다. 그러나 그 영화는 생동감이 넘쳤고 내 삶을 진지한 태도로 깊이 돌아보게 했습니다.

그 영화를 통해 하나님께서는 내게 말씀하고 계셨고, 나는 거기에 응답해야 했습니다. 영화가 끝나자 도움이나 상담이 필요한 사람들을 앞으로 나오도록 초청하는 시간이 있었습니다. 다른 사람들이 앞으로 나갈 때 나는 그냥 그 자리에 서 있었습니다. 사람들이 쳐다보는 것 같아 부끄러웠기 때문입니다. 나는 아주 어릴 적부터 교회에 다녔고, 또한 복음을 알고 있다고 믿어 왔지만, 당시 내가 정말 하나님의 자녀로 거듭났는지 구원의 확신이 없었습니다. 다른 사람들이 상담하러 앞으로 나가고 있을 때 나는 "주 예수님, 제가 만일 주님을 제 마음에 모셔 들인 적이 없다면, 오늘 저녁 제 마음에 들어와 주옵소서" 하고 기도했습니다.

그날 저녁 나는 말씀에 의해 구원의 확신을 가지고 귀가했으며, 그 후로는 내가 구원받은 사실을 결코 의심한 적이 없습니다. 나는 그리스도인이 되었습니다. 비록 그리스도인이라는 말이 의미하는바 모든 것을 삶에서 실제로 경험하는 데는 몇 년이 더 걸리긴 했지만, 내가 구원받은 것은 분명했습니다. 내 마음속에는 하나님을 향한 새로운 사랑이 자리잡게 되었고, 나는 하나님을 기쁘시게 해드리고자 하는 새로운 열망과, 사람들과 일상적인 삶에 대한 새로운 태도를 지니게 되었습니다.

그러나 이것은 문제의 발단이었습니다. 하나님을 위해 살며 그분을 기쁘시게 해드리고자 하는 새로운 열망은 현재의 나의 삶이 내가 추구하는 이상과는 너무 차이가 있다는 것을 확연히 깨닫게 해주었기 때문입니다. 기쁨과 열정은 이내 좌절감으로 바뀌었습니다. 나의 신앙은 삶에서 아무 힘이 없었으며, 나는 실패자였습니다. 그러나 나는 용기가 없어 이 사실을 솔직하게 인정하기가 두려웠습니다. 그 당시 내가 "너희 안에서 행하시는 이는 하나님이시니, 자기의 기쁘신 뜻을 위하여 너희로 소원을 두고 행하게 하시나니"라는 빌립보서 2:13 말씀을 알고 있었더라면, 나의 문제를 좀더 쉽게 해결할 수 있었을 것입니다. 하지만 나는 그 말씀을 알고 있지도, 그러한 진리를 이해하고 있지도 못했습니다. 나는 내 속에 하나님께서 주신 새로운 소원이 있음을 알고 있었습니다. 그러나 나는 그 소원을 위해 행하는 일에도 동일하게 하나님께서 관계하신다는 것은 모르고 있었습니다. 연약하기만 한 내 자신이 나의 행동을 그 소원과 일치시키기 위해 안간힘을 쓰고 있었습니다. 올바른 것을 행하고자 하는 소원과 실제 행동이 차이가 나면 날수록 나는 더 깊은 좌절감과 무력감을 경험했습니다.

자연히, 그리스도께 더 큰 "헌신"을 하도록 도전하는 설교를 들을 때마다 나의 무력감은 더했습니다. 그런 설교를 들을 때마다 나는 진지한 마음으로 주님께 헌신하는 기도를 하곤 했습니다. 그럴 때마다 신선한 열정이 되살아나고 발걸음은 힘이 있었으며, 이번에는 뭔가 이루어 보겠다는 꿈에 부풀곤 했습니다. 그러나 며칠이 못 되어 나는 원점으로 되돌아갔습니다. 그리고 얼마 후 나는 다시 헌신에 관한 도전을 받고 내 자신을 하나님께 재헌신하곤 했습니다. 이런 과정을 몇 번이나 되풀이했는지 셀 수도 없을 정도이지만, 그때마다 매우 진지한 태도로 임했었습니다. 종종 '이젠 됐구나' 하고 생각하기도 했지만, 쥐었다 싶으면 빠져 나가는 미끄러운 비누처럼, 그 새로운 경험은 결코 오래가지 않았습니다.

얼마 후에는 내가 진정으로 추구하고 있는 것이 무엇인지조차도 알 수가 없게 되었습니다. 내가 목표로 하고 있는 것이 너무 높은 수준이었는가? (솔직히 말해, 당시 내가 알고 있는 그리스도인들 가운데 몇몇을 제외하고는 거의 모두가 제대로 살고 있지 않는 것 같았습니다.) 성경에서 제시하고 있는 수준은 비현실적인 것은 아닐까? 하나님께서는 우리로 부지런히 달리도록 하기 위해 필요 이상으로 높은 수준을 제시하신 것은 아닐까? 따라서 그 수준을 문자 그대로 받아들이는 것은 혹 어리석은 것이 아닐까? 만약 그렇다면, 이는 마치 당나귀 앞에 당근을 매달아 놓듯이, 하나님께서는 우리 앞에 멋있는 약속을 제시해 놓고 우리가 열심히 그것을 향해 나아가도 결코 도달할 수 없게 하심으로써 우리를 놀리시는 것은 아닐까? 이런저런 많은 생각들이 들기도 했습니다.

새로운 진리 하나를 깨달음으로써 희망이 보이기 시작했습니다. 지금에 와서 돌이켜 보면 그것은 너무도 단순하고 당연한 사실이었습니다. 그 진리는 바로, 예수 그리스도께서는 내 속에 거하시기 위하여 오셨다는 것이었습니다. 만일 누가 나에게 "예수 그리스도께서 어디에 계십니까?" 하고 물었다면, 나는 즉시 "제 속에 거하십니다"라고 확신 있게 대답했을 것입니다. 그러나 실제로 내게 있어서 예수님은 나를 죄의 형벌로부터 구원하여 천국으로 향하는 길로 이끄신 후에는 아무 적극적인 역할도 수행하시지 않는 "잠자는 파트너"와 다름이 없었습니다.

승차권, 증명서, 카탈로그

그때까지 그리스도께서는 나의 신앙 생활의 원천이요 중심이라기보다는, 다만 "후원자"에 지나지 않았습니다. 나는 예수님의 이름으로 살아야 한다고는 생각했지만, 그분의 능력으로 살아야 한다고는 생각지 않았습니다. 나로 하여금 그리스도인이 될 수 있게 해주고, 그리스도인의 삶을 사는 데 필요한 어떤 것들을 그리스도께로부터 받았다고 생각했습니다. 기본적으로 그것은 승차권, 증명서, 그리고 카탈로그였습니다.

승차권에는 "천국행 편도 승차권"이라 인쇄되어 있었습니다. 나는 이것이 천국으로 가기 위한 준비물 가운데 필수적인 것임을 알았습니다. 하나님 앞에서 나의 죄를 시인했고, 기꺼이 그 죄로부터 돌아서기로 결심했으며, 그리스도를 영접하였기 때문에, 나는 영생의 선물을 받았다는 확신을 가지고 있었습니다. 나는 천국을 향해 가고 있었습니다. 나는 이것이 그리스도께서 십자가에서 죽으신 이유이며, 나를 구원해 주신 목적이며, 그리스도의 사역의 궁극적인 목표라고 믿었습니다.

증명서에는 이렇게 기록되어 있었습니다: "찰스 프라이스는 모든 죄를 용서받았음을 증명함. 하나님." 내가 승차권을 받기 위해서는 이 증명서가 절대적으로 필요했습니다. 이 증명서는 잉크 대신 피로 인쇄되어 있었습니다. "그 아들 예수의 피가 우리를 모든 죄에서 깨끗하게 하실 것이요"(요한일서 1:7). 나는 이 구원의 선물에 대해 보답하는 삶을 살아야 했습니다. 나는 하나님께서 해주신 모든 일에 대한 감사의 표현으로 "하나님을 위한 삶"을 살아야 했던 것입니다.

물론 "하나님을 위한 삶"은 어려웠고, 세 번째인 카탈로그가 내게 주어진 것은 바로 이러한 삶을 살 수 있게 하기 위한 것이었습니다. 카탈로그란 성경이었습니다. 나는 천국을 슈퍼마켓과 같은 곳으로 생각했는데, 그 슈퍼마켓의 주인은 하나님이시고, 성령은 종업원이시고, 진열대에는 영적인 상품들이 가득 쌓여 있는 것으로 상상했습니다.

그 상품들을 이용하는 방법은 간단했습니다. 슈퍼마켓의 상품 카탈로그를 뒤적이다가 원하는 것을 발견하면 기도로 주문을 합니다. 그러면 주인이신 하나님께서는 성령을 통하여 내가 주문한 상품을 배달해 주십니다.

예를 들어, 카탈로그 즉 성경을 읽다가 "사랑"을 원하게 되었다고 해 봅시다. 내가 하나님께 사랑을 달라고 기도로 주문하면, 하나님께서는 성령을 통해 사랑을 내게 배달해 주십니다. 그러면 나는 이 사랑을 먹고 얼마 동안은 효과가 나타나서 다른 사람들을 사랑할 수 있습니다.

또 성경을 읽다가 "기쁨"이 필요하다고 느껴지면, 나는 "기쁨"을 달라고 기도로 하나님께 주문합니다. 그러면 성령께서 "기쁨" 한 병을 내게 갖다 주십니다. 나는 병을 열어 "기쁨"을 몸에 바르고, 얼마 동안은 기쁘게 지냅니다.

내게 아주 절실하게 필요한 것 중에 하나가 "능력"입니다. 그래서 나는 하나님을 잘 섬길 수 있게 능력을 보내 달라고 기도로 요청을 합니다. 그러면 성령께서 "능력"을 하나 가져 오고, 나는 그것을 먹고 얼마간은 능력 있게 삽니다.

물론 그 어느 것도 효과가 오래가지는 않았습니다. 그래서 나는 슈퍼마켓 주인이신 하나님께 계속 주문을 해야 했습니다. 그것은 피곤한 일이었으며, 언제나 효과가 오래가지 않았습니다.

나는 하나님께서 다양한 영적 상품들을 내게 배달해 주고 계시는 것이 아님을 깨닫기 시작했습니다. 하나님께서는 "어떤 것"이 아니라, "하나님 자신"을 내게 주고 계셨습니다. 내가 요청했던 "모든 것들"은 내 속에 거하시는 하나님 안에 다 들어 있었습니다. 내 속에 계신 하나님께서 나로 그리스도인의 삶을 살 수 있게 하시는 것입니다. 그 삶은 이땅에 있는 내가 하늘에 계신 하나님을 위해 사는 것이 아니라, 내 속에서 그리스도께서 사시는 것이었습니다(갈라디아서 2:20). 그것은 내 속에 거하시는 성령으로 말미암아 사는 것이며, 성령께서는 내 속에서 예수 그리스도의 삶을 사시고, 내 속에 예수 그리스도의 성품을 재생산하시며, 삶의 모든 영역에서 나로 하여금 예수 그리스도를 닮아 가게 하시는 것입니다.

내게 필요한 것은, 하나님을 기쁘시게 하는 삶을 살기 위해 "내가" 뭔가를 결심하고 노력하는 것이 아니라, 하나님을 온전히 의뢰하는 것이었습니다. 그 동안 나는 나의 노력으로 하나님의 뜻을 성취하려고 했기 때문에, 성공했을 때는 자기 만족과 교만에 빠졌고, 실패했을 때는 자기 비하와 절망에 빠졌던 것입니다. 우리의 삶 가운데 나타나야 하는 것은 바로 예수 그리스도의 생명입니다. 바울은 고린도 교인들에게 "우리 산 자가 항상 예수를 위하여 죽음에 넘기움은 예수의 생명이 또한 우리 죽을 육체에 나타나게 하려 함이니라"(고린도후서 4:11)고 말했습니다.

자기 노력인가, 자기 부인인가?

성경에 나오는 슬픈 사건들 가운데 몇몇은 하나님께 헌신된 사람들의 삶 속에서 일어났습니다. 때로는 그들의 헌신의 깊이가 깊을수록 이야기는 더 슬픕니다. 구약성경에 나오는 예 두 가지를 들어 보겠습니다.

아브라함이 75세의 고령이고, 그의 아내 사라는 그보다 열 살 아래인 65세였을 때, 하나님께서는 그에게 놀라운 약속을 하셨습니다. 아브라함으로 큰 민족의 조상이 되게 하시겠다는 것이었습니다. 그러나 문제는, 아브라함과 사라가 결혼하여 오랜 세월이 흘렀지만 한 명의 자녀도 얻지 못했고, 이 면에 대해서 그들은 포기한 지 오래였다는 데 있었습니다. 그럼에도 그런 약속을 하신 분이 하나님이시기에 그들은 그 약속을 믿고 부푼 꿈을 안고 기쁨 가운데 기다리고 기다리고 기다렸습니다.

그로부터 10년이 흘러 아브라함은 85세, 사라는 75세가 되었으나, 여전히 자녀가 없었습니다. 참으로 실망이 될 뿐 아니라 당황도 되었습니다. 어떻게 해야 좋을지 몰랐습니다. 그들이 할 수 있는 것은 무엇일까요? 창세기 16장을 보면, 이 문제를 해결하기 위한 그들의 대화 내용이 나옵니다. 아브라함이 사라의 여종 하갈을 취해 아이를 낳기로 한 것입니다. 당시 문화에서는 그렇게 하는 것이 이상한 일은 아니었습니다. 물론 하나님께서 그러한 관습을 공인해 주신 적은 없었지만, 당시에 일반적으로 행해지고 있던 관습이었습니다. 결국 아브라함은 하갈을 취하여 아기를 낳았는데, 그 아기의 이름은 이스마엘이었습니다.

아브라함의 동기 자체는 나쁜 것이 아니었습니다. 그는 하나님께서 그로 큰 민족을 이루게 하겠다고 약속을 하시기 전까지는 자녀에 대한 희망을 다 포기했습니다. 그러나 지난 10년간 귀에 쟁쟁했던 하나님의 약속이 있었기에, 그는 하나님의 뜻을 이루기 위한 자기 노력의 일환으로 그렇게 했던 것입니다. 이스마엘은 하나님께 대한 반역의 행동으로 말미암은 것이 아니라, 하나님의 뜻을 성취시키려는 노력의 결과였습니다. 아브라함과 사라가 하갈을 통하여 자녀를 낳으면 어떨까 하는 방법을 생각해 내게 되었던 것도 하나님께 대한 불순종에서 나온 것이 아니라, 하나님의 계획과 목적에 대한 헌신에서 나온 것이었습니다.

그러나 하나님께서는 아브라함과 사라의 인간적인 노력의 결과인 이스마엘을 인정하지 않으셨습니다. 이스마엘이 태어나고 다시 14년이 지난 후에야 사라 자신이 잉태하여 이삭을 낳았으며, 그것은 하나님의 약속을 받은 지 무려 25년이 지난 후의 일이었습니다. 후에 하나님께서는 아브라함을 시험하기 위하여 이삭을 제물로 바치도록 요구하실 때 이삭을 "네 아들, 네 사랑하는 독자 이삭"(창세기 22:2)이라고 부르셨습니다. 하나님께서는 이스마엘을 인정치 않으신 것입니다. 우리가 아무리 진지하게 임한다 하더라도 그분을 위한 우리의 인간적인 노력을 하나님은 인정치 않으십니다. 하나님께서는 그분의 일을 위한 통로가 되라고 우리를 부르셨지, 하나님을 대신하라고 우리를 부르신 것이 아닙니다. 이스마엘의 출생은 아브라함이 구상하고 계획을 짜고 행한 결과로 설명될 수 있습니다. 그러나 이삭의 출생은 하나님의 개입과 역사로만 설명될 수 있습니다.

우리가 하나님의 명령과 약속들을 대면할 때 그것들을 이루는 수단은 하나님뿐이시라는 것을 깨달으면 그렇게 마음이 평안하고 자유로울 수가 없습니다. 나중에 살펴보겠지만, 그렇다고 이 말이 우리가 수동적인 자세를 취해야 한다는 말은 아닙니다. 그것은 "우리 안에서 행하사 자기의 기쁘신 뜻을 위하여 우리로 소원을 두고 행하게 하시는 하나님"(빌립보서 2:13 참조)을 토대로 하고 있습니다.

40세 때 모세는 자신의 운명을 깨달았습니다. 히브리 노예의 아들인 그는, 히브리 남자 아기의 대량 학살을 피하기 위해 바구니에 숨겨져 나일강을 떠내려오다 바로의 공주에게 발견되어 왕궁으로 옮겨져 공주의 아들이 되었고, 그날 이래 왕족으로서의 온갖 특권을 다 누리며 애굽의 왕궁에서 자랐습니다. 40세 때 그는 자신의 신원과 히브리 노예들의 비참한 상태를 깨닫게 되었고, 또한 "하나님께서 그들을 구원하기 위해 자신을 사용하고 계신다"(사도행전 7:25 참조)는 사실을 깨닫게 되었습니다. 그리하여 그는 하나님의 뜻을 행하는 일에 자신을 드렸습니다. 그는 선한 동기에서 참으로 충성된 마음으로 행했건만, 그의 행동은 불행한 결과를 낳았습니다. 그는 자기가 하나님의 뜻으로 알고 있는 것을 행하기를 원했고, 히브리 민족을 해방시키고 싶었습니다. 그래서 그는 그 일에 착수했고, 고된 노동을 하는 히브리 노예를 때리고 학대하는 애굽인 하나를 보고는 행동에 들어갔습니다. 좌우를 둘러보고 아무도 보는 사람이 없다고 생각한 모세는 그 애굽인을 쳐 죽여 모래 속에 파묻었습니다. 그러나 그의 행동을 본 사람이 있었고, 그 소문은 삽시간에 퍼졌습니다. 그 사람은 애굽인이 아닌, 동족 히브리인이었습니다.

이윽고 소문이 바로의 귀에까지 들어갔고, 바로는 모세를 죽이고자 했습니다(출애굽기 2:15 참조). 모세는 도망하여 미디안 광야에 이르러 거기서 40년을 머물렀습니다. 히브리 민족을 노예 상태에서 해방시키고자 했던 그의 꿈은 산산이 부서졌습니다.

아브라함처럼 모세도 하나님을 위한 일에만 몰두했지, 하나님을 도외

시하고 있었습니다. 모세가 80세가 되어서야 하나님께서는 모세의 일생의 한 부분을 취하셔서 그로 더불어 큰 일을 시작하실 수 있었습니다. 애굽에서 도망한 지 약 40년 후 불타는 떨기나무에서 하나님께서 모세를 만나셨을 때 모세는 딴사람이 되어 있었습니다. 너무나 용감히 시도했다가 하도 무참히 실패했던 터라 그는 자신의 능력을 신뢰하지 않게 되어, 애굽으로 돌아가 이스라엘 백성을 해방시키라는 하나님의 부르심에 대해 "내가 누구관대 바로에게 가며, 이스라엘 자손을 애굽에서 인도하여 내리이까?"(출애굽기 3:11) 하고 부정적인 반응을 보였습니다.

모세가 이런 반응을 40년 전에만 보였더라면! 40년 전에는 "난 그 일에 합당한 인물이야!" 식의 태도를 지니고 있었을 것입니다. 모세의 부정적인 반응에 대한 하나님의 대답은 "그런 것은 신경 쓰지 말라!"였습니다. 그 이유는 모세 그가 누구냐는 중요하지 않기 때문입니다. 하나님께서 "내가 정녕 너와 함께 있으리라"(12절)고 약속하셨습니다. 중요한 것은 바로 이 사실인 것입니다. 모세가 그 일을 수행하기 위해 필요한 자원은, 모세가 누구냐 하는 것에 있는 것이 아니라, 하나님이 누구시냐 하는 것에 있는 것입니다. 그래서 모세는 하나님께 "당신은 누구십니까?"(13절 참조) 하고 묻게 됩니다. 당신은 하나님께 이런 질문을 하고, 하나님의 대답에 귀를 기울이고, 또 기울이고, 진실로 기울여 본 적이 있습니까? 모세의 질문에 하나님께서는 "나는 스스로 있는 자니라. 너는 이스라엘 자손에게 이같이 이르기를, '스스로 있는 자가 나를 너희에게 보내셨다' 하라"(14절 참조)고 대답하셨습니다. 하나님께서는 자신을 시작과 끝이 없으신 언제나 존재하시는 분으로 알리셨습니다. 불타는 떨기나무 가운데는 계셨고, 지금은 안 계시는 하나님이 아니었습니다. 최종 목적지인 가나안 땅에 가면 거기에 계실 하나님도 아니셨습니다. 하나님은 언제나 계시는 분으로서, 언제나 우리와 함께 계셔서 우리에게 은혜를 베푸시고 우리를 도와 주시며 우리의 삶을 다스리는 분이십니다.

이것이 그리스도인의 삶의 기본 원리입니다. 하나님께서는 그리스도께서 십자가를 지셨을 때만 역사하셨고, 지금은 우리가 단지 그때 하나님께서 행하신 일을 감사하며 그 일을 되돌아보며 살게 하지 않으셨습니다. 하나님께서는 지금 하늘나라에 우리를 맞아들이기 위해 기다리고만 계시는 것도 아닙니다. 하나님께서는 지금 당신의 삶의 모든 영역에서 역사하기를 원하십니다. 바울은 "너희를 부르시는 이는 미쁘시니, 그가 또한 이루시리라"(데살로니가전서 5:24)고 말했습니다. 하나님께서는 우리가 하나님을 위해 할 일로 우리를 부르시는 것이 아니라, 우리를 도구로 사용하여 하나님께서 하실 일로 우리를 부르시는 것입니다.

모세는 이 원리를 배웠습니다. 여러 차례에 걸친 하나님의 개입을 통해 이스라엘 자손은 마침내 가나안 땅을 향한 여정을 시작했습니다. 모든 것이 잘되어 가고 있었습니다. 400여 년 간에 걸친 종살이 끝에 이 민족은 잃어버렸던 존엄성을 되찾고 빼앗겼던 자유를 만끽하고 있었습니다. 뒤에는 순풍이 불어오고, 영광의 새로운 지평선이 그들에게 손짓했으며, 하나님께서 그들을 위해 역사하고 계셨습니다.

그러나 이 기쁨은 오래가지 않았습니다. 며칠 후 장정들 60만 명과 여자와 아이들로 이루어진 기나긴 행렬은 홍해 바닷가에 이르렀습니다. 모세가 여기까지 그들을 인도해 왔으나, 이제 그들은 홍해를 건널 수가 없었습니다. 걸어서 건너기엔 너무 깊고, 다리를 놓기에는 너무 넓고, 둘러 가기에는 너무 멀었습니다. 그렇다고 배가 준비되어 있는 것도 아니었습니다. 설령 배가 몇 척 있은들 무슨 도움이 되겠습니까? 사람들은 투덜대기 시작했습니다. 그때 그들이 뒤를 돌아보자 지평선에 먼지 구름이 일어나고, 그 먼지 속에 애굽 군대의 모습이 어렴풋이 보였습니다. 마지못해 그들을 내보냈던 바로의 마음이 변하여 그들을 다시 붙잡아 노예로 삼고자 하여 막강한 병력을 이끌고 추격해 오고 있었던 것입니다. 건널 수 없는 홍해 바다가 앞에 놓여 있고, 대항할 수도 없는 막강한 애굽 군대가 뒤를 쫓아오자, 백성들은 겁에 질렸습니다. 그것은 무슨 계략이었습니까? 모세는 애굽 편이었습니까? 애굽에 매장지가 없어서 그들이 홍해 바닷가에까지 와서 죽게 된 것이었습니까? 이스라엘 자손은 당황했으며, 공포와 낭패감에 사로잡혔습니다.

이런 상황에서 모세는 어떤 반응을 나타내야 했겠습니까? 당신이라면 어떤 반응을 나타냈겠습니까? 모세의 반응이 출애굽기 14:13-14에 기록되어 있습니다: "모세가 백성에게 이르되, '너희는 두려워 말고 가만히 서서 여호와께서 오늘날 너희를 위하여 행하시는 구원을 보라.…여호와께서 너희를 위하여 싸우시리니 너희는 가만히 있을지니라.'" 모세는 어떻게 이런 말을 할 수 있었습니까? 잘되어야 노예 상태로 되돌아가고, 잘못되면 전멸할 수도 있는 상황에서 "여호와께서 너희를 위하여 싸우시리라"고 대답하는 것은 무책임한 행동이 아닙니까? 어떤 사람은 모세에게 "이 문제에 대해 너무 영적으로만 말하지 마시오. 당신은 무슨 조치를 당장 취해야 하오. 실제적이 되란 말이오"라고 힐난했을지도 모릅니다.

아마도 모세는 이렇게 기도했을 것입니다: "하나님, 우리는 커다란 문제에 봉착했습니다. 앞에는 홍해 바다가 놓여 있는데 우리는 건널 수가 없고, 뒤에는 애굽 군대가 달려오고 있는데 우리는 그들을 도무지 대항할 수가 없습니다. 백성들은 겁에 질려 있고, 우리가 어떻게 해야 할지 저는 모르겠습니다. 그러나 하나님께 상기시켜 드리고 싶은 게 있습니다. 여기에 오게 된 것은 제 아이디어가 아니라 하나님의 아이디어였습니다. 하나님께서 불타는 떨기나무 가운데서 저를 부르셨을 때, 저는 능력이 없다고 말씀드렸지만 하나님께서 저와 함께하시겠다고 약속하셨습니다. 이곳은 가나안 땅이 아니므로 이 홍해 바닷가에서 우리가 죽는다는 것은 생각할 수도 없는 일입니다. 하나님께서는 우리를 가나안 땅으로 인도하시겠다고 말씀하셨사오며, 우리는 하나님께서 언제나 말씀하신 대로 행하시는 줄을 믿습니다. 그러므로 이 곤경에서 어떻게 벗어나야 할지 저는 모르지만, 하나님께서는 아시오니 하나님께서 해결해 주십시오. 그것은 하나님의 책임입니다. 저는 하나님을 믿고 의뢰합니다. 감사합니다."

그리고 나서 모세는 무리를 향해 "여호와께서 너희를 위하여 싸우시리라"고 말할 수 있었을 것입니다. 그리고 작은 목소리로 이렇게 덧붙였는지도 모릅니다:"하지만, 하나님께서 어떻게 싸우실지는 묻지 마시오! 나도 알 수가 없소!"

이때의 모세와 40세 때의 모세의 차이는 무엇입니까? 40세 때는 이스라엘 자손을 해방시키기 위해 자기 노력을 하고 있었습니다. 그러나 지금은 자신의 능력과 계획에 대해서는 죽고, 그 일을 행하도록 자신을 부르신 하나님만 믿고 의뢰하고 있습니다.

하나님께서는 홍해를 가르셨습니다. 이스라엘 백성은 바닷물이 갈라져 나타난 땅 위를 걸어 바다를 건넜습니다. 그리고 하나님께서는 이스라엘 백성이 문제라고 생각했던 그 홍해 바다를 사용하여 그들이 두려워했던 두 번째 문제 즉 애굽 군대의 추격을 해결하셨습니다. 홍해 바다에 애굽 군대를 수장시키셨던 것입니다. 하나님께서는 그들과 함께 계셨습니다. 하나님께서는 역사하고 계셨습니다. 하나님께서는 승리를 얻으셨습니다. 하나님께서는 가만히 계시지 않고 활동하셨습니다.

이것이 그리스도인의 모든 삶과 활동의 핵심입니다. 그리스도인이 된다는 것이 무엇을 의미하는지에 대한 이해에서 내가 간과하고 있었던 것이 바로 이 사실이었습니다. 나는 "믿음의 주요 또 온전케 하시는 이인 예수를 바라보자"(히브리서 12:2)라는 말씀을 이해하지 못하고 있었습니다. 나는 그리스도께서 나의 믿음의 주 곧 믿음의 창시자이신 것은 알고 있었습니다. 그리스도께서 나로 하여금 그리스도인이 될 수 있게 하셨기 때문입니다. 그러나 나는 그리스도께서 나의 믿음을 온전케 하시는 분, 즉 나의 믿음의 완성자이신 것은 몰랐습니다. 그리스도께서 시작하신 것을 완성시켜 나가 마치는 것은 나의 일이라고 생각했습니다. 나는 또한 "너희 속에 착한 일을 시작하신 이가 그리스도 예수의 날까지 이루실 줄을 우리가 확신하노라"(빌립보서 1:6)는 말씀도 몰랐습니다. 물론 내 속에서 착한 일을 시작하신 분은 하나님이시지만, 그것을 이루는 일은 내가 하려고 시도하고 있었던 것입니다. 나는 "너희가 그리스도 예수를 주로 받았으니, 그 안에서 행하되"(골로새서 2:6)라는 말씀에 대해 들은 적이 없었습니다. 내가 그리스도 안에서 계속 행하기 위한 능력은 내가 그리스도를 영접한 것과 동일한 토대 위에서 얻을 수 있습니다. 즉 믿음을 통해서 얻는 것입니다. 성경에는 그리스도를 생명과 모든 영적 활동의 원천으로 묘사하고 있는 말씀들이 많이 있음에도, 나는 그런 구절들을 알지 못했었습니다.

기독교를 세상의 다른 종교와 구별시키는 것이 바로 이러한 진리입니다. 그것은 소망적 사고 훨씬 그 이상이요, 인간적으로는 불가능한 어떤 삶을 살려고 끝없이 투쟁하는 것 훨씬 그 이상입니다. 그리스도인의 삶에 대해 이와 같이 이해하는 것은 현실로부터의 도피가 아니라 현실로의 돌입입니다. 이러한 이해가 있을 때 우리는 하나님께서 본래 의도하신 삶을 살기 시작하며, 하나님께서 목적하신 사람이 되어 가는 데 필요한 자원들을 발견하게 됩니다.

성경은 "너희 속에 있는 소망에 관한 이유를 묻는 자에게는 대답할 것을 항상 예비하되 온유와 두려움으로 하고"(베드로전서 3:15)라고 말씀하고 있습니다. 우리가 가진 소망이 무엇인지, 즉 무엇이 참인지는 설명할 수 있으나, 그 소망에 관한 이유 즉 왜 그것이 참인지는 설명하지 못할 수가 있습니다. 우리와 함께 계시며 우리 삶 가운데서 역사하시는 하나님에 대해 이야기하는 것은 신날지 모르나, 하나님의 임재와 역사, 그리고 이것이 왜, 어떻게 가능한지를 성경 말씀을 근거로 하여 깊이 있게 알아보는 일은 별로 재미가 없을 수도 있습니다. 그러나 하나님의 역사와 임재로 말미암은 유익들을 온전히 깨닫고 누리기 위해서는 그 이유와 방법을 알 필요가 있는 것입니다.

2

아무것도 스스로 할 수 없음

그리스도인의 삶의 내용을 살펴보기에 앞서 그 목적을 깊이 생각해 보는 것이 꼭 필요합니다. "그리스도인이란 무엇인가?"라고 묻는 것만으로는 부족합니다. "왜 그리스도인이 되어야 하는가?"라고 물어 보아야 합니다. "왜"를 알면 그 목적을 이룰 수 있는 수단이 무엇인지를 알고 누리는 데 큰 도움이 될 것입니다. 많은 사람들이 하나님께서 무엇을 하기 원하시는지 알려고 노력해 본 적이 없기 때문에, 실제 삶 가운데서 하나님을 깊이 경험하지 못하고 늘 겉핥기 식입니다. 그 결과 그들은 자신의 신앙 생활에서 큰 일을 기대하지 않게 됩니다. 우리는 기대한 것 이상을 경험하는 경우는 드뭅니다. 우리가 과거의 죄를 용서받고 장래에 하늘나라에 들어가는 것 정도만을 기대한다면 신앙 생활이 좌절로 점철된다 해도 이상한 일이 아닙니다.

사람을 향한 하나님의 목적은 변한 적이 없습니다. 하나님께서 태초에 사람을 창조하신 이유나 지금 사람들을 세상에 두시는 이유나 같습니다.

그러면 인간을 향한 하나님의 목적은 무엇입니까? 하나님께서는 사람을 창조하실 때 이렇게 말씀하셨습니다:"우리의 형상을 따라 우리의 모양대로 우리가 사람을 만들고"(창세기 1:26). 간단한 이 말씀 속에 하나님께서 인간을 창조하신 목적과 그 목적을 이루기 위해 인간이 해야 할 역할이 잘 나타나 있습니다. 물론 이 말씀에서 하나님의 "형상"과 "모양"은 육체적인 것이 아닙니다. 하나님께서는 육체를 가지신 분이 아니기 때문입니다. 하나님은 영이시며, 하나님을 본 사람은 아무도 없습니다(요한복음 4:24, 1:18). 하나님은 우리와 같은 몸을 가지고 계시지 않습니다. 성경에는 하나님께서 눈, 귀, 입, 손, 팔 등을 가지고 계신 것처럼 표현되어 있는 구절들이 있지만, 이는 모두 비유적인 표현입니다. 하나님은 결코 육체를 가진 우리처럼 시공간의 제한을 받으시는 분이 아닙니다.

그러면 "형상" 또는 "모양"이란 무엇입니까? 그것은 육체적인 것이 아니라 도덕적인 것입니다. 말하자면, 하나님의 도덕적인 속성을 의미하는 것입니다. 따라서 하나님의 형상대로 창조된 인간은 자기 자신과 그 삶 속에서 하나님의 도덕적 속성을 드러내야 하는 것입니다. 우리의 성품은 하나님의 성품을 닮고 그것을 드러내야 하며, 우리의 마음은 하나님의 마음을 닮고 드러내야 하고, 우리의 행동 또한 하나님의 행동을 닮고 드러내야 합니다. 이것이 바로 우리를 향한 하나님의 목적이요 계획입니다.

그러므로 인간이 어떻게 행동하는지를 보면 그가 하나님께서 지으신 목적과 역할을 제대로 수행하고 있는지 알 수 있습니다. 매일의 일상적인 일을 어떻게 수행하는가? 가장으로서 자기 가족들을 어떻게 돌보는가? 어머니로서 자녀들을 어떻게 양육하는가? 고용주는 고용인을 어떻게 대우하는가? 고용인은 고용주를 어떻게 대하며 어떻게 일을 하는가? 자기 돈과 시간을 어떻게 사용하는가? 이웃들에게 어떻게 말하는가? 또는 이웃들에 대하여 어떻게 이야기하는가? 흔히들 자식을 보면 그 부모를 안다고 합니다. 인간과 하나님과의 관계에서도 마찬가지입니다. 나는 모든 말과 태도와 생각과 행동, 그리고 삶의 모든 영역에서 하나님의 성품을 닮고 나타냄으로써 사람들은 나를 보고 하나님이 어떠한 분이신지를 올바로 알 수 있어야 합니다.

그러나 오늘날 사람들의 삶을 볼 때 무엇인가가 잘못되어 버렸다는 것이 분명합니다. 당신과 내가 만일 외계에서 살다가 오늘 지구에 도착했다고 해봅시다. 지구에 대해서는 하나님의 형상대로 지음을 받은 인간이라는 피조물이 살고 있다는 것밖에는 아무것도 모릅니다. 당신과 나는 하나님을 볼 수는 없기 때문에, 하나님이 어떤 분이신지를 알기 원하는 마음에서 큰 기대감을 가지고 하나님이 만드신 사람들을 자세히 관찰할 것입니다. 당신과 나는 그들이 말은 어떻게 하며 행동은 어떻게 하는지 눈여겨볼 것입니다. 또한 거리도 걸어 보고 시장에도 가보고 학교에도 가보고 직장이라고 하는 곳에도 가보고, 그들의 가정에도 가볼 것입니다. 그리고 인간들이 보는 텔레비전도 영화도 볼 것입니다. 자, 당신과 나는 하나님에 대하여 어떤 결론을 얻게 될까요? 아마 큰 충격을 받을 것입니다. 당신과 나는 인간을 더 자세히 관찰할수록 공포에 휩싸이게 될 것입니다. 인간이 정말 하나님이 어떤 분이신지를 보여 주고 있다면, 차라리 모르는 게 나을 뻔했다고 생각할 것입니다. 하나님은 증오와 시기와 질투와 탐심으로 가득 차 있으며, 약탈하고 살인하고 훔치고 싸우기를 좋아하며, 교만하며 인종적인 편견을 가지고 있으며, 그분의 가장 우선적인 관심사는 언제나 그분 자신뿐이라고 결론을 내릴 것입니다.

당신과 나의 결론이 올바른 것입니까? 물론 잘못된 것입니다. 그러면 왜 인간은 그토록 하나님에 대해 왜곡된 모습을 보여 주고 있습니까? 왜 하나님의 형상대로 창조된 인간이 그렇게 타락했습니까? 인간의 삶과 행동은 왜 그렇게도 한결같이 하나님에 대해 그릇된 증언을 하고 있습니까? 뭔가가 잘못되어도 크게 잘못된 것이 틀림없습니다. 인간의 목적과 역할이 하나님의 형상을 나타내는 것이라면, 그렇게 하는 데 꼭 필요한 어떤 요소를 잃어버린 게 틀림없습니다. 이것은 당신과 나, 그리고 우리 모든 사람에게 해당되는 사실입니다. 다른 사람들이 우리와 함께 있을 때 우리를 통해 하나님을 알 수 있게 해주는 필수적인 요소가 상실되고 없는 것입니다.

하나님의 생명에서 떠나 있음

그 잃어버린 요소는 다름아닌 바로 하나님 자신입니다. 인간의 문제는 인간의 마음속에 하나님이 없는 데 있는 것입니다. 하나님께서는 인간을 만드실 때, 하나님을 떠나 하나님과 관계없이 독자적으로 살면서 주어진 역할을 감당하도록 만들지 않으셨습니다. 인간은 하나님을 마음속에 모시고 하나님과 긴밀한 교제 가운데 살아야 했습니다. 그럴 때라야 인간은 하나님을 나타낼 수 있는 능력을 지니게 됩니다. 사도 바울은 인간의 현재 상태를 다음과 같이 진단합니다:"저희 총명이 어두워지고 저희 가운데 있는 무지함과 저희 마음이 굳어짐으로 말미암아 하나님의 생명에서 떠나 있도다"(에베소서 4:18). 그는 에베소 성도들에게 "너희의 허물과 죄로 죽었던 너희를 살리셨도다"(에베소서 2:1-2)라고 말했습니다. 그들이 그리스도를 알기 전에는, 비록 육체적으로는 살아 있었으나 영적으로는 죽어 있었다는 것입니다. 인간이 하나님께서 본래 의도하신 삶을 살 수 있으려면 바로 영적 생명 즉 하나님의 생명이 필요한 것입니다.

에덴 동산에서 하나님께서는 아담에게 이렇게 말씀하셨습니다:"동산 각종 나무의 실과는 네가 임의로 먹되, 선악을 알게 하는 나무의 실과는 먹지 말라. 네가 먹는 날에는 정녕 죽으리라"(창세기 2:16-17). 이것은 물론 육체적인 죽음에 대해 말씀하신 것이 아니었습니다. 불순종의 결과로 하나님의 생명이 인간에게서 거두어지고, 육체적으로 살아 있는 동안에도 영적으로는 죽어 있을 것이라고 말씀하신 것입니다. 우리가 죄의 삯으로 받게 된 죽음이 바로 이것입니다(로마서 6:23). 인간이 에덴 동산에서 순종이 아니라 불순종을, 하나님을 의뢰하기보다 독자적으로 사는 것을 선택했을 때 이 죽음이라는 삯을 받게 되었습니다. 그 결과, 아담 안에서 모든 사람이 죽었습니다(고린도전서 15:22). 모든 인간은 이미 아담 안에서 영적으로 죽었으며, 그 후로 모든 인간은 영적으로 죽은 채로 태어나게 되었습니다.

그러므로 엄밀한 의미에서 볼 때 사람은 자기 죄로 인하여 죽어야 한다는 말은 옳지 않습니다. 그의 죄로 인하여 앞으로 죽게 되는 것이 아니라, 이미 영적으로 죽어 있는 것입니다. 죄로 인한 죽음이 아담 안에서 이미 일어났기 때문입니다. 우리는 이미 하나님의 생명에서 떠나 죽어 있으며, 그로 인한 결과들을 맛볼 수밖에 없는 것입니다. 이 문제를 해결하기 위한 유일한 방안은 간단합니다. 곧 다시 살아나는 것입니다. 어떻게 살아납니까? 앞으로 살펴보게 되겠지만, 이것이 바로 복음의 초대입니다. 그것은 사망을 생명으로 바꾸라는 초대이며, 죄를 의로 바꾸라는 초대입니다.

가능성과 능력

인간의 문제는 하나님의 생명에서 떠나 있다는 것과, 또한 경건해질 수 있는 **가능성**은 계속 가지고 있으나, 경건해질 수 있는 **능력**은 잃어버렸다는 것입니다. 인간이 경건해질 수 있는 가능성은 인간 안에 악을 멀리하고 선을 추구하려는 마음이 남아 있다는 것에서 알 수 있으며, 경건해질 수 있는 **능력**을 잃어버렸다는 것은 자신이 원하는 올바른 삶을 계속 살지 못하는 것을 통해서 알 수 있습니다.

바울은 경건한 삶을 살기 원하나 그렇게 살지 못하는 자신의 갈등을 솔직하게 고백하게 하고 있습니다:"나의 행하는 것을 내가 알지 못하노니, 곧 원하는 이것은 행하지 아니하고 도리어 미워하는 그것을 함이라" (로마서 7:15). 바울은 무엇이 선한 것이며, 무엇이 바른 것인지를 알고 있었을 뿐 아니라, 그것을 행하기도 원했습니다. 그러나 그는 그것을 행하지 않았습니다. 그는 또한 나쁜 줄 알고 행치 아니하기로 결심한 것들이 있었습니다. 그런데 그것들은 행하였습니다. 그가 원하는 것과 행하는 것이 상충되고 있었습니다. 여기에 문제가 있는 것입니다. 나도 마찬가지입니다. 나는 마음에서는 선을 행하기를 원합니다. 나는 선이 좋다고 굳게 믿고 있고, 선을 행하기를 갈망합니다. 그러나 내게 선을 행할 능력이 없음으로 인하여 나의 원함은 충족되지 못하고, 이로 인해 나는 거듭거듭 좌절감을 맛봅니다. 나는 하나님의 형상과 모양대로 창조되었기 때문에 선을 행하기를 원하고 또 선을 행할 수 있는 가능성과 잠재력이 내 안 깊숙한 곳에 있기는 하나, 그것을 성취할 수 있는 능력이 없습니다. 선을 행하며 선한 사람이 되고자 애쓰게 만드는 그 가능성이 지금은 오히려 나의 죄와 무력함을 깨닫게 함으로써 나를 정죄하고 있습니다.

영국 서남부에 있는 한 소년원을 며칠 동안 방문한 적이 있습니다. 부근에 있는 교회에서 집회를 인도하고 있었던 나는 매일 오후 시간을 내어 그 소년원을 방문해 달라는 요청을 소년원 측으로부터 받았던 것입니다. 나는 그곳에 가서 식사를 하고, 14세에서 16세 사이의 소년들 30명 가량과 함께 한 시간 정도를 보내곤 했습니다. 나는 그 주 동안 150명의 원생들과 대화를 나누도록 되어 있었습니다.

어느 날 오후 나는 원생들과 함께, 삶에서 가장 얻기 원하는 것이 무엇이며, 어떻게 그것을 얻을 수 있는지에 대해 건설적인 대화를 나누고 있었습니다. 나는 칠판에다 소년들이 삶을 의미 있고 행복하게 하는 것이라고 말하는 것들을 적어 나갔습니다. 그리고 나서 그중 몇 가지에 대해 토의하고 있었는데, 한 소년이 굉장히 흥미 있는 말 한 마디로 토의를 중지시켰습니다. 그는 "저의 가장 큰 문제는 제 자신입니다. 이 사실을 알 때까지는 그 어떤 것도 효과가 없었어요"라고 했습니다. 그는 계속해서, 자기가 거기에 들어온 것이 벌써 세 번째인데, 그곳 생활을 좋아해서가 아니라고 했습니다. 그는 소년원 생활을 왜, 그리고 얼마나 싫어하는지를 설명했는데, 우리는 모두 그의 말에 이해가 갔습니다. 그리고는 그는 이렇게 말했습니다:"나쁜 줄로 알고 있으나 도저히 행하지 않을 수가 없는 어떤 일을 당하면, 저는 그 일을 정말이지 절대 하고 싶지 않으며 또한 내가 그 일을 하면 그렇게 한 데 대해 제 자신을 증오할 것이라는 사실을 알면서도, 저는 어떻게든 그 일을 하고야 맙니다. 제 자신을 제어할 수 있을 때까지는 어떤 것도 제대로 되지 않을 것이라 생각해요."

함께한 소년들에게 그 소년의 말에 공감하는지 물어 보았더니 대다수가 공감한다고 했습니다.

나 역시 그 소년이 무엇을 이야기하고 있는지 잘 알고 있으며, 그의 말에 공감합니다. 당신도 아마 마찬가지일 것입니다! 선하고 바른 것을 행하려는 마음은 있으나 그렇게 할 수 있는 능력은 없는 것입니다. 이 문제는 소년원생들에게만 있는 것이 아니라, 당신에게도 동일하게 있을 것이며, 당신의 삶에서 현실로 존재할 것입니다. 전원과 단절되어 있는 전구는 빛을 발할 수 있는 가능성은 계속 지니고 있지만 실제 빛을 발할 수는 없습니다. 전원과 단절되어 있으면 나무 토막과 전혀 다를 바가 없습니다. 하나님으로부터 단절되어 있는 삶을 살고 있는 모든 인간들도 동일한 상태에 있습니다. 바울의 고백처럼 원함은 있으나 선을 행하는 것은 없는 것입니다(로마서 7:18).

이것이 죄의 본성입니다. "죄"라는 말은 "과녁을 빗맞히다"라는 의미를 가지고 있습니다. 한때는 이 단어가 양궁에서 사용되었습니다. 궁수가 과녁을 향해 화살을 쏘았는데, 빗맞으면 그것을 "죄"라 일컬었습니다. 1㎝가 빗나갔느냐, 1m가 빗나갔느냐, 1㎞가 빗나갔느냐는 문제가 되지 않습니다. 벗어난 정도에 관계없이 과녁에서 빗나가기만 하면 모두 죄였습니다. 영적으로도 마찬가지입니다. 우리가 하나님의 표준에서 얼마나 벗어났느냐 하는 것은 우리가 어쨌든 벗어났다는 사실에 비하면 부차적인 것입니다. 그래서 야고보는 "누구든지 온 율법을 지키다가 그 하나에 거치면 모두 범한 자가 된다"(야고보서 2:10 참조)고 한 것입니다. 당신이 버스 출발 시간보다 1분 늦게 도착하여 버스를 놓쳤든, 10분 혹은 1시간을 늦어 놓쳤든 결과는 마찬가지입니다. 당신은 버스를 놓친 것입니다. 당신이 하나님의 과녁을 근소하게 빗맞혔든, 아니면 턱없이 빗맞혔든, 결과는 같습니다. 당신은 빗맞힌 것입니다. 죄는 기본적으로 우리가 얼마나 나쁜가를 따지는 것이 아니고, 우리가 얼마나 선하지 못한가를 따지는 것입니다. 우리는 과녁을 빗맞혔습니다.

죄가 과녁을 빗맞히는 것이라면, 우리가 맞히기로 되어 있는 과녁을 알아야 죄를 깨달을 수 있을 것입니다. 과녁이 없다면 맞힐 곳도 없고, 따라서 빗맞힌다는 것도 없습니다. 또 무엇을 맞혀야 하는지를 모르면 우리가 언제 빗맞혔는지도 모릅니다. 그러므로 과녁을 모르고서는 죄에 대해 이야기할 수가 없습니다. 과녁을 모르면 죄란 모호한 개념이 될 뿐이며, 각 사람마다 죄가 무엇인지에 대하여 견해가 틀리게 될 것입니다. 성경은 그 과녁이 무엇인지를 분명하게 보여 줍니다:"모든 사람이 죄를 범하였으매, 하나님의 영광에 이르지 못하더니." 우리가 맞혀야 할 과녁은 바로 하나님의 영광입니다. 선과 악을 결정하는 표준은 각 사람의 견해가 아니라, "하나님의 영광"입니다. 죄가 죄인 것은 오직 그것이 하나님의 영광을 맞히지 못하고 거기서 벗어났기 때문입니다. 그러면 우리는 하나님의 영광이란 무엇인지 묻지 않을 수 없습니다. 우리는 과녁인 하나님의 영광이 무엇인지를 알 때라야 비로소 죄가 무엇인지를 알게 될 것입니다.

하나님의 영광

성경에 나오는 "하나님의 영광"이라는 말은 문맥에 따라 약간씩 의미의 차이가 있기는 하지만, 기본적으로는 하나님이 어떤 분이시며 무엇을 행하시는가와 관계가 있습니다. 간단히 이야기한다면, 우리가 맞혀야 할 과녁인 하나님의 영광이란 하나님의 성품이라고 할 수 있습니다.

하나님의 형상대로 창조된 우리 인간은 하나님이 어떤 분이신지를 세상에 나타내야 했습니다. 하나님께서 우리를 만드신 목적을 성취하지 못하는 것이 죄입니다. 선은 각 사람이 무엇이 선인지를 결정할 수 있는 그런 임의적인 것이 아닙니다. 선은 또한 각 사회의 통념에 의해 결정되는 것도 아닙니다.

선은 절대적인 것이며, 바로 하나님의 성품입니다. 하나님 한 분 외에는 선한 이가 없습니다(마가복음 10:18). 따라서 어떤 것이 선한 이유는 그것이 하나님의 어떠하심 즉 하나님의 성품과 일치하기 때문이며, 어떤 것이 악한 이유는 그것이 하나님의 성품과 어긋나기 때문입니다. 죄가 죄임을 알게 만드는 과녁이 하나님의 영광이기 때문에 죄를 다룰 수 있으려면, 우리가 어떻게 하나님께서 우리를 창조하실 때 의도하신 사람이 될 수 있는지를 알아야 합니다. 하나님의 영광이 우리의 삶에서 어떻게 회복될 수 있습니까? 이를 위해 우리는 완전한 인간이신 예수님을 살펴볼 필요가 있습니다.

완전한 인간

예수님이 완전한 인간이신 것은 우리가 계속 과녁을 빗맞히고 있는 것과는 대조적으로 그분은 줄곧 과녁에 적중시켰기 때문입니다. 요한은 예수님에 대해 이렇게 기록했습니다: "말씀이 육신이 되어 우리 가운데 거하시매, 우리가 그 영광을 보니 아버지의 독생자의 영광이요, 은혜와 진리가 충만하더라"(요한복음 1:14). 요한은 "나사렛 예수"와 함께 거하면서 다른 모든 사람에게서는 찾아볼 수 없는 영광을 그분에게서 볼 수 있었습니다. 이것은 성화(聖畵)에서 흔히 볼 수 있듯이 예수님의 머리 뒤에 밝게 빛나는 후광이 있었다는 말이 아니라, 예수님의 삶과 행동에서 하나님의 성품을 볼 수 있었다는 말입니다. 예수님은 공생애 전 어린 시절에도, 그리고 장성하여 나사렛에서 목수 일을 하며 요셉의 가족의 일원으로서의 역할을 수행하실 때에도 하나님의 성품을 나타내셨습니다. 또한 예수님은 공적인 사역을 수행하시면서, 누구나 다 고개를 돌리고 지나가는 당시 사회의 소외된 사람들에게 말을 거시며, 몇 년 동안 아무도 피부로 접촉해 본 적이 없는 문둥병자를 직접 만지셨고, 병자들에게 손을 얹으시며, 당시의 내노라 하는 종교적인 사람들은 피하려고 했던 부도덕한 사람들, 세리, 기타 죄인들과 함께 어울리셨는데, 이럴 때마다 예수님은 정확하게 그리고 일관되게 하나님이 어떠한 분이신지를 나타내셨습니다. 예수님의 말과 태도와 행동은 끊임없이 하나님이 어떤 분이신지를 보여 주셨습니다.

그리하여 요한은 "본래 하나님을 본 사람이 없으되, 아버지 품속에 있는 독생하신 하나님이 나타내셨느니라"(요한복음 1:18)라고 기록할 수 있었습니다. 육체적으로는 하나님을 볼 수 없으나, 하나님의 성품이 예수님의 삶을 통해 드러난 것입니다. 히브리서 기자는, 하나님께서는 아들로 우리에게 말씀하셨으며, 그 아들은 하나님의 영광의 광채시요 그 본체의 형상이시라고 했습니다(히브리서 1:2-3). 하나님이 어떤 분이신지를 아들이 나타내셨고, 하나님이 어떤 일을 하시는지를 아들이 보여 주셨습니다.

예수님의 사역의 절정이 십자가 상의 죽음과 부활이긴 하지만, 그분은 그에 앞선 33년 동안 자신의 인격과 말씀과 행동과 삶을 통해 하나님을 드러내시고 하나님의 영광을 나타내셨습니다. 그러므로 우리는 어떠한 사람이 되어야 하는지를 알고자 하면 예수 그리스도를 바라보아야 합니다. 예수님은 그 생애를 통해, 우리는 이르지 못한 하나님의 영광을 나타내셨습니다. 예수님은 근본에 있어서는 우리와 완전히 다릅니다. 그분은 아버지와 함께 계셨고, 하나님 아버지와 동등하시고, 똑같이 영원하신 분이시기 때문입니다. 그러나 인간으로서의 삶에 관한 한 그분은 우리와 똑같은 사람으로 살기로 하셨고, 모든 인간들과 하나도 다를 바가 없었습니다(빌립보서 2:6-7 참조). 그분은 모든 일에 우리와 한결같이 시험을 받으셨습니다(히브리서 4:15). 그분은 우리와 똑같은 성정을 지니셨습니다. 그러나 예수님이 우리와 다른 점이 하나 있었습니다. 그분은 죄가 없으셨다는 것입니다(히브리서 4:15). 예수님은 단지 그릇된 일을 하지 않으신 것이 아니라, 일관되게 옳은 일을 행하셨습니다. 예수님의 삶과 행동은 함께하는 사람들에게 끊임없이 하나님을 계시하셨습니다.

예수님이 어떻게 사셨는지를 아는 것도 중요하지만, 더욱 중요한 것은 왜 예수님께서 그렇게 사셨는지를 아는 것입니다. 예수님께서 어떻게 사셨는지를 알게 되면, 우리는 그분을 높이며 찬양하고 경배하게 됩니다. 그러나 오늘날 내가 어떻게 살아야 하는가를 실제적으로 생각하면서 나도 예수님처럼 살려고 하면 너무도 보잘것없는 자신을 보게 되고, 좌절감과 무력감과 환멸감만 더 느끼게 됩니다.

축구를 잘하는 사람이 있다고 합시다. 그는 친구들과 기회 있을 때마다 축구를 하는데, 축구 실력으로 말미암아 모든 친구들의 부러움을 삽니다. 그러나 그가 정식 축구팀과 경기를 한다면, 그는 아마도 자신이 생각했던 것만큼 축구를 잘하는 것이 아님을 깨닫게 될 것입니다. 만일 그가 국가 대표팀이나 세계의 일류팀과 축구를 하게 된다면, 그는 아마 자신의 축구 실력이 형편없다는 것을 깨닫고 열등감과 좌절감을 느끼기 시작할 것이며, 공 한 번 잡아 보지 못하는 자신을 보고 관중들이 야유를 보내고 있다는 것을 알게 될 것입니다. 왜 그렇습니까? 더 높은 수준의 사람들과 경기를 할수록, 또 그들의 수준과 자기의 실력을 비교할수록, 더욱더 그는 자신이 실력이 없고 부족하다는 것을 알게 되는 것입니다.

예수님이 어떠한 삶을 사셨는지를 알게 되면, 우리는 감탄을 느끼며 예수님께 우리 자신을 드리고자 하는 진지한 마음으로 예수님의 본을 따르고자 최선을 다합니다. 그런데 선한 의도로 한 이것이 도리어 우리에게 좌절감만을 안겨 줍니다. 예수님의 완벽한 삶을 살펴보며 그 본을 따르고자 애를 쓰면 쓸수록 더욱더 자신의 부족함을 느끼기 때문입니다.

예수님의 삶이 위대하고 내가 당연히 그러한 삶을 살아야 한다는 것을 알지만, 예수님의 삶과 나의 삶 사이에는 너무 거리가 있다고 생각하게 됨으로써, 오늘 지금 내가 어떻게 살아야 하는지에 대해서는 아무런 희망이나 도움도 얻지 못하는 경우가 있습니다.

왜 예수님은 그러한 삶을 사셨는가?

왜 예수님께서 사람으로 오셔서 그토록 아름다운 삶을 사셨는지를 자세히 살펴보도록 합시다. 틀림없이 당신은 놀라게 될 것이며, 큰 격려를 얻게 될 것입니다.

예수님께서는 자신에 대해 놀라운 사실들을 말씀해 주셨습니다. 먼저, 자신의 일에 대해 "내가 진실로 진실로 너희에게 이르노니, 아들이 아버지의 하시는 일을 보지 않고는 아무것도 스스로 할 수 없나니, 아버지께서 행하시는 그것을 아들도 그와 같이 행하느니라"(요한복음 5:19)고 말씀하셨습니다. 병든 자를 고치시고, 수천 명을 먹이시고, 풍랑을 잔잔케 하시고, 죽은 자를 살리시는 등 놀라운 일들을 많이 하셨음에도 불구하고, 예수님께서는 아무것도 스스로 할 수 없다고 하신 것입니다.

자신의 심판에 대해서도 예수님께서는 "내가 아무것도 스스로 할 수 없노라. 듣는 대로 심판하노니, 나는 나의 원대로 하려 하지 않고 나를 보내신 이의 원대로 하려는 고로 내 심판은 의로우니라"(요한복음 5:30)고 말씀하셨습니다. 예수님은 놀라운 분별력을 가지고 계셨습니다. 그분은 사람들 속에 감추어져 있는 진정한 모습을 보셨으며, 종종 그것을 드러내셨습니다. 예수님께서는 사람들을 알고 계셨으며, 사람들도 예수님이 자기들의 마음을 꿰뚫고 계심을 알았습니다. 그분의 생각은 언제나 옳았습니다. 그러나 그분은 심판에 대하여 "내가 아무것도 스스로 할 수 없노라"고 하셨습니다.

자신의 말씀에 대해서도 예수님은 같은 말씀을 하셨습니다. "너희는 인자를 든 후에 내가 그인 줄을 알고, 또 내가 스스로 아무것도 하지 아니하고, 오직 아버지께서 가르치신 대로 이런 것을 말하는 줄도 알리라"(요한복음 8:28). 예수님께서 말씀하실 때 사람들은 놀랐습니다. "그 사람의 말하는 것처럼 말한 사람은 이때까지 없었나이다"(요한복음 7:46). 예수님께서 산상수훈을 말씀하실 때, 그 말씀을 들은 사람들은 그 가르치시는 것이 권세 있는 자와 같다는 것을 알았습니다(마태복음 7:29 참조). 예수님께서 처음으로 나사렛의 회당에서 설교하실 때 사람들은 모두 감탄하고 그의 은혜로운 말씀에 놀랐습니다(누가복음 4:22 참조). 예수님의 말씀은 언제나 신선했고 심오했으며, 중심을 꿰뚫었고, 사람들에게 큰 영향을 주었습니다. 그분의 말씀을 들으려고 사람들이 모여들었습니다. 그러나 예수님께서는 자신의 입으로 나오는 모든 말씀에 대해 "스스로는 아무것도 말하지 않는다"고 말씀하셨습니다. "아무것도"라는 말이 참으로 이해가 가지 않을지도 모릅니다. 그 말은 우리로 하여금 더욱 힘빠지게 하는 말이지만, 그럼에도 예수님께는 아주 중요한 말이었습니다.

예수님의 성육신에 대해 설명하는 가운데 바울은 이렇게 말했습니다: "그는 근본 하나님의 본체시나, 하나님과 동등됨을 취할 것으로 여기지 아니하시고, 오히려 자기를 비어 종의 형체를 가져 사람들과 같이 되었고"(빌립보서 2:6-7). 예수님께서는 자기를 비우셨습니다. 곧 아무것도 아닌 자로 여기셨습니다. 예수님께서 아무것도 아닌 자가 되셨다면, 그분 스스로는 아무것도 하실 수 없다는 사실이 그리 놀라운 일이 아닙니다. 예수님은 아무것도 아닌 자가 되셨고, 스스로는 아무것도 행치 않으셨습니다.

예수님의 삶에서 이런 면들을 더 살펴보기 전에 잠시 생각해 봅시다. 당신은 혹시 자신이 무용지물이라는, 다시 말해 아무것도 할 수 없는 존재라는 생각을 해본 적이 있습니까? 마땅히 살아야 하는 대로 살지 못하는 자신의 무능력을 한탄해 본 적이 있습니까? 베드로가 고기를 잡기 위해 밤새도록 애쓴 후에 바닷가에 서 계신 예수님을 향해 "우리가 밤이

새도록 수고를 하였으나 얻은 것이 없습니다"(누가복음 5:5 참조)라고 말할 때 가졌던 것과 같은 감정을 느껴 본 적이 있습니까? 애써 일하고, 최선의 노력을 경주하고, 열심에 열심을 더하였지만, 아무것도 얻지 못한 자신! 아마도 그 사실을 선뜻 인정치 못하도록 막는 것은, 하나님께서는 당신이 뭔가를 이루기를 기대하고 계시리라는 생각일 것입니다. 당신은 무능을 인정하기보다는 더 열심히 노력해 봐야겠다고 결심하게 됩니다.

복음에 포함되어 있는 좋은 소식이 있습니다. 이것이 복음의 전부는 아니지만 주요한 부분이긴 합니다. 즉 당신이 아무것도 할 수 없다는 것을 느끼면, 당신은 위대하신 분 예수 그리스도와 같은 처지에 놓이게 된다는 것입니다. 사람으로서 예수님은 아무것도 아닌 자가 되셨으며, 그분의 인간적인 자원으로는 아무것도 이루지 않으셨습니다.

예수님께서 당신보다 조금도 더 능력이 많지 않기로 선택하셨다는 사실은 당신에게 큰 격려를 줄 것입니다. 우리 자신도 자신의 인간적인 자원으로는 아무것도 할 수 없습니다. 예수님은 제자들에게 "나를 떠나서는 너희가 아무것도 할 수 없느니라"(요한복음 15:5 참조)고 말씀하셨습니다. 바울은 자신이 원하는 것은 하지 않고 원치 않는 것은 하는 것을 보면서, "내 속 곧 내 육신에 선한 것이 거하지 아니하는 줄을 안다"(로마서 7:18 참조)고 했습니다. 선한 일을 행하는 것에 관한 한, 바울은 자신의 무능을 인정했습니다.

그리스도인의 삶에서 위대한 순간들 가운데 하나는, 심령이 가난해지며(마태복음 5:3), 자신의 타고난 능력과 자원만으로는 자신이 창조시 의도된 사람이 될 수도 없고, 마땅히 하기로 되어 있는 것들을 행할 능력도 없다는 사실을 깨달을 때입니다.

그러나 이것이 이야기의 끝은 아닙니다. 만약 예수님의 말씀이 진정이라면 그분이 하신 엄청나게 많은 일들을 어떻게 설명합니까? 예수님께 병 고침을 받은 많은 사람들에게 그분은 아무것도 하실 수 없다고 말해 보십시오. 두 번씩이나 기적적으로 보리떡 몇 개와 물고기 몇 마리로 수

천 명을 먹이셨는데, 이 사람들에게 예수님은 아무것도 할 수 없으시다고 말해 보십시오. 그들이 어떻게 그 말을 받아들이겠습니까? 예수님께서 죽은 자를 살려 주셨는데, 그 가족들에게 예수님은 아무것도 하실 수 없다고 말할 수 있겠습니까? 예수님의 가르침에 놀랐던 사람들, 예수님의 가르침에 분노를 느껴 그분을 죽이려고 모의했던 사람들에게는 또 어떻게 설명하겠습니까?

물론 예수님은 위대한 일들을 많이 행하셨습니다. 그분은 세상을 뒤흔들어 놓았습니다. 지난 이천 년 동안, 그리고 오늘날에도 그분이 세상에 미치고 있는 영향은 그 어느 누구보다도 큽니다. 예수님의 생애는 인류 역사를 기원 전(B.C.)과 기원 후(A.D.)로 양분합니다. 역사상 그 어느 누구도 그분만큼 많은 일을 하지는 못했습니다.

예수님을 따르는 사람들인 그리스도인들도 뭔가를 이룩해 왔습니다. 역사에는 하나님을 위해 위대한 일을 성취한 사람들이 많이 있습니다. 우리는 그들의 이름을 알고 있으며, 그들의 전기를 읽고 있습니다. 우리는 이제 "아무것도 할 수 없는" 그들이 어떻게 그런 위대한 일들을 해냈는지를 알 필요가 있습니다.

예수님께서는 사람으로서, 어떻게 그와 같은 삶을 사셨으며, 그와 같은 일들을 행하셨습니까? 어떻게 이적들을 행하셨습니까? 어떻게 그렇게 권세 있게 말씀하셨습니까? 어떻게 끊임없이 하나님의 영광을 나타내셨습니까? 그리고 우리는 어떻게 예수님과 같은 일을 행할 수 있습니까?

자기 자신은 아무것도 할 수 없다고 말씀하실 때마다, 예수님은 "아버지"에 대하여 말씀하신 것을 볼 수 있습니다. 아들은 아무것도 스스로 할 수 없으며, 아버지께서 행하시는 그것을 아들도 그와 같이 행한다고 말씀하셨습니다(요한복음 5:19 참조). "내가 스스로 아무것도 아니하고 오직 아버지께서 가르치신 대로 이런 것을 말하는 줄도 알리라"(요한복음 8:28). "내가 아무것도 스스로 할 수 없노라.…나는 나의 원대로 하려 하지 않고, 나를 보내신 이의 원대로 하려는 고로…"(요한복음 5:30). 이 여러 말씀에서, 예수님은 자신의 모든 일은 아버지로 말미암은 것이었다고 말씀하십니다. 나중에 이 사실에 대해 더욱 분명하게 말씀하셨습니다:"나는 아버지 안에 있고, 아버지는 내 안에 계신 것을 네가 믿지 아니하느냐? 내가 너희에게 이르는 말이 스스로 하는 것이 아니라, 아버지께서 내 안에 계셔 그의 일을 하시는 것이라"(요한복음 14:10). 예수님께서 하신 모든 것은 아버지께서 아들 안에 계셔서 그분의 일을 하신 것입니다.

전구는 빛을 발해야 합니다. 이것이 전구의 존재 목적이며, 이 목적을 위해서 전구를 삽니다. 전구는 모양이나 크기가 가지각색이고, 밝기도 다양합니다. 그런데 빛을 발하는 것이 전구의 목적이긴 하나, 전구 그 자체로서는 아무것도 할 수 없습니다. 전구를 사서 책상 위에 올려 놓고 빛을 내기를 기대한다면 실망하고 말 것입니다. 빛을 내도록 만들어지긴 했지만, 전구 스스로는, 다시 말하면 독립적으로는 빛을 낼 수 없습니다. 전구는 전원에 연결되었을 때라야 빛을 발하도록 만들어졌습니다. 전구를 쟁반 위에 두었을 때 빛을 발하지 않는다고 해서 전구 자체에 무슨 결함이 있는 것은 아닙니다. 전구는 그렇게 해도 빛을 발하도록 만들어진 것이 아닙니다. 당신이 전구에 대해 마땅히 해야 할 일을 할 때, 즉 그것을 소켓에 끼우고 전기가 통하게 했을 때 비로소 빛을 발할 것입니다.

마찬가지로, 인간들도 그 속에 하나님께서 임재하시고, 그를 통해 하나님의 능력이 발할 때만 원래 의도된 인간이 될 수 있도록 만들어졌습니다. 하나님으로부터 분리된 인간은 전원으로부터 분리된 전구만큼이나 제 기능을 발휘하지 못합니다. 물론 전구와는 달리 인간은 그럭저럭 살아가긴 할 것입니다. 그러나 궁극적으로는 아무것도 성취할 수가 없는 것입니다. 그래서 주 예수 그리스도께서는 제자들에게 "나를 떠나서는 너희가 아무것도 할 수 없다"고 하셨습니다. 이 때문에 인간으로서의 예수님은 "아들이 아무것도 스스로 할 수 없다"고 하실 수밖에 없었습니다. 예수님께서 십자가 상에서 이루신 일을 힘입어 우리가 하나님과의 관계를 회복할 때, 우리의 죄는 사함받고 하나님의 성령이 우리 속에 내주하시게 됩니다. 우리 속에 하나님께서 임재하심으로 말미암아 우리는 원래 의도된 사람이 되는 데 필요한 모든 것을 받습니다. 우리는 전원에 연결된 전구처럼 되어 우리를 창조하신 목적을 이룰 수 있게 됩니다. 그러므로 우리는 하나님을 떠나서는 아무것도 할 수 없지만, 하나님께서 임재하시고 역사하시면 능치 못할 일이 없게 됩니다. "대저 하나님의 모든 말씀은 능치 못하심이 없느니라"(누가복음 1:37).

능치 못할 일이 없다

하나님께서 내주하시고, 또한 하나님께서 우리 속에서 우리를 통해 역사하시도록 하나님께 우리 자신을 맡기기만 하면, 능치 못할 일이 없게 됩니다. 전에는 아무것도 할 수 없었지만, 이제는 능치 못할 일이 없습니다! 우리에겐 두 가지 선택의 여지가 있습니다. 하나는 하나님을 떠나서는 아무것도 할 수가 없다는 것이고, 하나는 하나님과 진정한 관계 가운데 있을 때는 능치 못할 일이 없다는 것입니다. 따라서, 우리의 삶은 아무것도 성취할 수 없거나, 모든 것을 성취할 수 있거나 둘 중 하나입니다.

 죄 사함을 받고, 하나님께서 우리 안에 계시고, 또 하나님께서 우리 삶을 다스리시도록 우리 자신을 하나님께 드리면, 우리는 불가능한 것이 없는 삶을 살아가게 됩니다. 우리 자신을 하나님께 드릴 때 하나님께서는 우리의 삶을 인도하여 주시며, 우리가 구한 모든 것을 주시며, 성령의 능력으로 우리를 충만케 하여 주십니다. 하나님께서는 우리 안에서 우리를 통해 역사하시기에, 우리의 삶은 의미를 지니며, 영원한 가치를 지닌 일들이 성취되게 됩니다. 예수님께서는 "나를 떠나서는 너희가 아무것도 할 수 없다"고 하셨습니다. 후에 사도 바울은 "내게 능력 주시는 자 안에서 내가 모든 것을 할 수 있다"(빌립보서 4:13 참조)고 말했습니다. 바울이 "모든 것"을 할 수 있다고 했을 때, 그것이 그가 달나라에도 갈 수 있다는 의미는 아니었습니다. 다만, 하나님께서 바울을 위해 계획하시고 의도하신 것들을 예수 그리스도의 능력을 힘입어 모두 행할 수 있다는 말이었습니다. 그리스도 밖에서는 아무것도 할 수 없습니다. 종국에 가서 우리는 빈손으로 하나님 앞에 서게 될 것입니다. 그러나 그리스도 안에서는 능치 못할 일이 없기 때문에 마지막 날에 우리는 하나님께서 해주신 모든 것에 대한 감사가 충만한 가운데 하나님 앞에 서게 될 것입니다. 당신은 아무것도 할 수 없는 삶을 살고 있습니까? 아니면 능치 못할 일이 없는 삶을 누리고 있습니까?

후자가 복음의 목적입니다. 죄 사함을 받는 것은 놀라운 일이요, 천국에서 영원히 산다는 것은 신나는 소망입니다. 그러나 진정한 의미에서 이러한 내용들은 구원의 목적에 비추어 볼 때 부수적인 것입니다. 죄 사함이 구원의 근원이요, 천국에서의 영원한 삶이 구원의 결과라면, 하나님과의 관계 회복은 바로 구원의 핵심 내용이 됩니다. "하나님이 우리를 세우심은 노하심에 이르게 하심이 아니요, 오직 우리 주 예수 그리스도로 말미암아 구원을 얻게 하신 것이라. 예수께서 우리를 위하여 죽으사 우리로 하여금 깨든지 자든지 자기와 함께 살게 하려 하셨느니라"(데살로니가전서 5:9-10). 우리가 구원을 경험하는 것은 "주님과 함께 사는 삶" 속에서입니다. 하나님께서 태초에 인간을 창조하신 것은 단지 "깨끗하도록" 하기 위함이 아닙니다. 그러므로 죄 사함 자체는 우리를 하나님의 목적 가운데로 회복시키지 않습니다. 하나님께서 인간을 창조하신 것은 단지 천국의 인구를 늘리기 위해서가 아닙니다. 그러므로 천국을 향해 가고 있다는 것 그 자체는 우리를 하나님의 목적 가운데로 회복시키지 않습니다. 인간은 하나님의 형상을 드러내도록 하나님의 형상대로 창조되었습니다. 그래서 인간은 하나님이 어떠한 분이신지를 끊임없이 보여 주는 존재가 되어야 합니다. "모든 사람이 죄를 범하였으매 하나님의 영광에 이르지 못하더니"(로마서 3:23). 이 영광의 회복이야말로 구원의 목적이요, 이 영광이야말로 진정한 그리스도인의 증표입니다. 예수 그리스도께서 하신 일이 바로 이 일이었습니다. 예수 그리스도께서는 우리로 하여금 이 영광을 회복할 수 있게 해주셨습니다.

바울은 우리 안에 계신 그리스도는 곧 "영광의 소망"이라고 했습니다(골로새서 1:27 참조). 이 영광의 소망을 흔히들 천국의 소망으로 설명하지만, 그렇지 않습니다. "영광"은 우리가 죄를 지어 이르지 못하게 된 어떤 것입니다. 영광의 소망이신 그리스도께서 우리 속에 계심으로써, 우리는 과녁을 맞히며 존재 목적을 충족시키며 하나님의 성품을 나타낼 수 있다는 소망을 갖게 되었습니다. 이제 우리는 하나님의 "영광"에 이를 수 있게 된 것입니다.

이 소망은 즉각적으로 이루어지는 하나의 사건이 아니며, 점차로 이루어져 가는 하나의 과정입니다. 이생에서 우리는 주 예수 그리스도를 계속 닮아 가게 될 것입니다. 우리가 그리스도와 함께 천국에서 영원히 살게 되는 날까지는 결코 이 성장 과정이 멈추지 않을 것입니다. 바울은 "우리가 다 수건을 벗은 얼굴로 거울을 보는 것같이 주의 영광을 보매 저와 같은 형상으로 화하여 영광으로 영광에 이르니 곧 주의 영으로 말미암음이니라"(고린도후서 3:18)고 했습니다. 그리스도인의 성장이란 경건한 삶에서의 성장을 말하며, 이러한 경건한 삶을 살 때 우리의 행동 방식은 하나님과 조화와 일치를 이루게 됩니다. 그러나, 우리는 어떻게 이러한 삶을 살 수 있습니까? 능치 못할 일이 없는 삶에 수반되는 것은 무엇입니까? 이것에 대해 다음 장들에서 살펴보도록 하겠습니다.

40   진정한 그리스도인

3

구원의 조건

   한번은 십대 후반의 한 여학생과 대화를 나누다가 "학생은 그리스도인인가?"라고 물었습니다. 청소년 수양회 도중이었는데, 나는 이 질문을 꼭 해야 할 필요가 있다고 생각했습니다.

  그 여학생은 "네, 하지만 전 선생님이 말씀하시는 그런 종류의 그리스도인은 아니에요"라고 대답했습니다.

  이 말에 약간 당황한 나는 "학생은 어떤 종류의 그리스도인인가?"라고 물었습니다.

  그 여학생은 "그건 너무 개인적인 것이어서, 별로 말씀드리고 싶지 않아요"라고 대답했습니다.

나는 이렇게 말했습니다. "내가 관심을 갖고 있는 것은 학생이 '나와 같은 종류'의 그리스도인이냐 하는 것도 아니고, 또는 어떤 특별한 종류의 그리스도인이냐 하는 것도 아니야. 내가 진정으로 관심을 가지고 있는 것은 다만, 학생이 하나님께서 말씀하고 계신 그런 종류의 그리스도인이냐 하는 것이야."

"그리스도인"이라는 말을 사람들마다 다른 의미로 받아들인다 해도 결국 진정한 그리스도인은 오직 한 종류가 있을 뿐입니다. 곧 하나님께서 말씀하신 종류의 그리스도인입니다! 하나님께서 말씀해 주신 것들 가운데서 자기 마음에 드는 것만 취하고 싫어하는 것은 무시하거나 버리면서도 그것을 기독교라 부르거나 또 그것이 능력이 있기를 기대한다면 자기를 속이는 것입니다. 그것은 참 기독교가 아닙니다. 우리는 오직 하나님께서 말씀해 주시는 것을 기초로 해서만 그리스도인의 삶을 살 수 있습니다. 그 외의 다른 것은 우리를 종교적인 사람으로 만들 수는 있겠지만, 능력은 없습니다. 그런 것들은 우리로 무력한 삶을 살게 할 뿐입니다.

예를 들어 설명해 보기로 하겠습니다. 비행기로 런던에서 뉴욕으로 가려고 하는데, 여행사에 조회를 하여 얻은 정보들이 마음에 들지 않았다고 합시다. 내 생각에 요금이 너무 비싸고, 허용되는 짐의 무게도 너무 가볍습니다. 그러나 나는 그 항공기가 제공하는 것들은 진심으로 원하고 있습니다. 그래서 나는 나의 방식대로 그 항공기를 타기로 결심합니다. 런던 공항으로 갑니다. 그리고 진짜 티켓과 동일한 크기로 종이를 잘라 진짜 티켓에 있는 모든 사항들을 주의 깊게 기재합니다. 그리고선 줄을 서서 탑승 절차를 밟습니다. 만면에 미소를 머금고 나는 표를 검사하는 직원에게 티켓을 내밉니다. 그는 아마 그 티켓과 나를 번갈아 쳐다보고는 티켓을 돌려주면서, "죄송합니다. 손님은 이 비행기를 타실 수 없습니다!"라고 할 것입니다.

나는 왜 안 되느냐고 항의합니다. "여기에 런던에서 뉴욕까지라고 되어 있고, 상단에는 당신네 항공사 이름까지 적혀 있습니다. 그리고 항공편의 번호도 맞고, 출발 시간도 적혀 있으며, 우측 하단에 항공료도 적혀 있지 않습니까? 기록에 뭐 빠진 것이라도 있습니까?"

그러면 그 직원은 이렇게 대답할 것입니다. "죄송합니다, 손님. 다 옳으신 말씀이지만, 이 티켓은 가짜이기 때문에, 손님께서는 탑승하실 수가 없습니다."

그래서 나는 내 티켓의 뒷면에다 빨간 글씨로 선명하게 "당신네 항공사가 최고요"라고 써 보입니다. 그렇게 하면 탑승하도록 허락할 것 같아서입니다.

그러면 그 직원은 미소를 지으며 이렇게 말할 것입니다. "감사합니다, 손님. 그렇게 칭찬해 주는 사람이 많지 않습니다. 하지만 손님께서는 여전히 타실 수가 없습니다."

나는 그 티켓을 받아 들고 이번에는 노래로 그에게 접근합니다. "나 같은 사람도 태워 주는 이 항공사 놀라워. 배 타고 갈 길, 날아가면 더 빨리 가겠네!" 그에게 나와 같이 그 노래를 부르자고 권유하며 함께 부릅니다. 내가 먼저 부르면 그가 따라 부릅니다. 멋있는 노래가 됩니다.

노래를 다 부르고 나서 그는 아마 나를 보며 이렇게 말할 것입니다. "고맙습니다. 저를 즐겁게 해주셔서. 근래에 이렇게 즐거운 시간을 가진 적이 별로 없었습니다. 그러나 죄송하지만 손님은 우리 비행기에 탑승하실 수가 없습니다. 그 티켓을 가지고 집으로 돌아가십시오!"

왜 나는 비행기를 탈 수 없습니까? 내 티켓의 기재 사항에 무슨 잘못이 있기 때문입니까? 아닙니다. 기재 사항은 올바릅니다. 내가 감정 표현을 잘못했기 때문입니까? 아닙니다. 그 직원은 자기 항공사에 대한 나의 칭찬에 흐뭇했을 것입니다. 내가 잘못된 노래를 불렀기 때문입니까? 아닙니다. 그는 내 노래를 좋아했을 것이며, 어쩌면 그 노래를 자사의 선전 광고에 이용할지도 모릅니다. 내가 그 비행기에 탑승할 수 없는 이유는 단 한 가지로서 매우 간단합니다. 즉, 내 비행기표가 잘못된 권위에 의해 발행된 것이기 때문입니다. 그 항공사가 발행한 티켓만이 유효합니다. 그 외의 것은 다 무효입니다.

사람들이 아무리 예수 그리스도에 대해 친근감을 표시하며, 올바른 찬송가를 부르며, 올바른 교회에 출석하며, 올바른 교리를 알고 있다 할지라도, 하나님의 조건대로 살고 있지 않다면 아무 효과가 없는 무기력한 종교를 믿고 있을 뿐입니다. 그들이 하나님께서 발행하신 "티켓"을 가지고 있지 않다면, "탑승"하고 싶어도 검표원에게 거부되어 비행기에 오르지 못합니다. 그들의 삶에는 능력이 없습니다. 그들은 하나님을 알지도 못합니다. 그들에게는 성경은 무미건조하고, 기도는 마지못해 하는 일이 되며, 살아 계신 하나님께서 그들의 삶 가운데서 역사하시는 것을 볼 수 없습니다.

값없는 구원의 대가

그리스도인이 되고 그리스도인으로 살아가기 위해 치러야 할 대가에 대해 현실적으로 생각해 봅시다. 구원은 "값없이" 얻는 것이라고들 말하고 있으며, 놀랍게도 이 말은 진리입니다. 그러나 그것은 제한된 의미에서만 진리입니다. 구원은 돈으로 살 수 없고, 노력으로 획득할 수도 없으며, 우리의 선행을 근거로 흥정할 수도 없다는 점에서 보면 값없이 주어지는 것입니다. "너희가 그 은혜를 인하여 믿음으로 말미암아 구원을 얻었나니, 이것이 너희에게서 난 것이 아니요 하나님의 선물이라. 행위에서 난 것이 아니니, 이는 누구든지 자랑치 못하게 함이니라"(에베소서 2:8-9). 이 점에서 보면 그리스도인이 되는 것은 절대적으로 값없이 되는 것입니다. 그렇지 않으면 우리는 소망이 없을 것입니다. 로마서 6:23에서도 영생을 "하나님의 은사"라고 하였습니다. 구원은 하나님께서 우리에게 은혜로 주시는 선물입니다.

그러나 예수 그리스도께서는 값없는 구원에 대하여 말씀하신 적이 없습니다. 예수님께서는 항상 값비싼 구원에 대하여 말씀하셨습니다. 더 나아가, 예수님은 사람들에게 그 값을 계산해 보라고 하셨습니다. 구원을 값없이 거저 얻는다는 것은 구원이 "값싸다"는 의미는 아닙니다. 구원은 단지 하나님의 말씀에 고개를 끄덕여 동의하거나, 하나님에 대한 몇 가지 사실들을 믿기만 하면 얻을 수 있는 "싸구려"가 아닙니다. 구원에는 치러야 할 값이 있습니다.

"허다한 무리가 함께 갈새, 예수께서 돌이키사 이르시되, '무릇 내게 오는 자가 자기 부모와 처자와 형제와 자매와 및 자기 목숨까지 미워하지 아니하면 능히 나의 제자가 되지 못하고, 누구든지 자기 십자가를 지고 나를 좇지 않는 자도 능히 나의 제자가 되지 못하리라. 너희 중에 누가 망대를 세우고자 할진대 자기의 가진 것이 준공하기까지에 족할는지 먼저 앉아 그 비용을 예산하지 아니하겠느냐? 그렇게 아니하여 그 기초만 쌓고 능히 이루지 못하면 보는 자가 다 비웃어 가로되, 이 사람이 역사를 시작하고 능히 이루지 못하였다 하리라.…이와 같이 너희 중에 누구든지 자기의 모든 소유를 버리지 아니하면 능히 내 제자가 되지 못하리라'"(누가복음 14:25-33). 그러므로 우리는 그 값을 진지하게 생각해 보아야 합니다. 진지하게 계산해 보아야 합니다. 값을 지불할 때라야 비로소 우리는 자신을 "그리스도인"이라 부를 권리를 갖게 되며, 하나님과의 관계를 즐길 준비를 갖추게 됩니다. 그때에야 비로소 하나님과의 관계는 실제적으로 효과를 발휘할 것입니다.

한번은 어떤 사람이 예수님께 나아와서 영생을 얻고자 했으나, 예수님께서는 그를 거절하셨습니다! 그는 아무것도 얻지 못하고 갔습니다. 그의 요청은 진지했지만, 그는 값을 지불할 마음이 없었습니다. "예수께서 길에 나가실새 한 사람이 달려와서 꿇어앉아 묻자오되, '선한 선생님이여, 내가 무엇을 하여야 영생을 얻으리이까?'"(마가복음 10:17).

좋은 질문이었습니다. 그의 태도에는 진지함과 열망이 깃들어 있었습니다. 당신과 내가 당시 그 무리 가운데 있었다면, 그의 태도에 큰 감명을 받았을 것입니다. 그는 달려왔습니다. 무릎을 꿇었습니다. 그는 남들이 보는 앞에서 그런 행동을 하는 것을 부끄러워하지 않았습니다. 그는 옳은 것을 구했습니다.

잠시 이야기를 나눈 후 예수님께서는 그에게 "네게 오히려 한 가지 부족한 것이 있다"고 하셨습니다. 그가 구하고 있는 것을 얻으려면 다루어야 할 문제가 한 가지 있었습니다. 이어서 하신 예수님의 말씀은 필경 주위 사람들을 놀라게 했을 것이며, 그 사람에게는 충격을 주었을 것입니다. "가서 네 있는 것을 다 팔아 가난한 자들을 주라. 그리하면 하늘에서 보화가 네게 있으리라. 그리고 와서 나를 좇으라"(마가복음 10:21). 좋든 싫든, 이것이 그로 영생을 얻게 하기 위해 필요한 예수님의 정확한 처방이었습니다.

그 사람은 예수님의 말씀을 받지 않았습니다. "그 사람은 재물이 많은 고로 이 말씀을 인하여 슬픈 기색을 띠고 근심하며 가니라"(마가복음 10:22). 앞서 21절에는 "예수께서 그를 보시고 사랑하사 가라사대"라고 기록되어 있습니다. 그럼에도 그가 떠나기로 선택했을 때 예수님께서는 그를 붙잡지 않았습니다.

우리가 아는 한, 그 사람은 영생을 얻지 못했습니다. 예수님께서는 그를 다시 불러 세우고 이렇게 말씀하시지 않았습니다. "네게 너무 어려운 걸 요구했던 것 같아 미안하구나. 네게 겁을 주어 내쫓으려고 했던 건 아니었다. 그럼 타협을 해보자. 너는 어떤 종류의 그리스도인이 되고 싶으냐? 모든 것을 팔기를 원하지 않는다면, 그럼 어느 정도는 기꺼이 팔 수 있겠느냐?" 예수님께서는 그에게 영생을 주시기 위해 타협이나 협상이나 흥정을 하지 않으셨습니다.

여기서 요점은 무엇입니까? 부자인 것이 잘못입니까? 아닙니다. 성경은 부자인 것이 잘못이라고 말한 적이 없습니다. 예수님께서는 "재물이 있는 자는 하나님의 나라에 들어가기가 심히 어렵도다"(마가복음 10:23)라고 하셨습니다. 성경은 부하려 하는 것과 돈을 사랑하는 것의 위험성에 대해서는 경고하고 있습니다: "부하려 하는 자들은 시험과 올무와 여러 가지 어리석고 해로운 정욕에 떨어지나니, 곧 사람으로 침륜과 멸망에 빠지게 하는 것이라. 돈을 사랑함이 일만 악의 뿌리가 되나니, 이것을 사모하는 자들이 미혹을 받아 믿음에서 떠나 많은 근심으로써 자기를 찔렀도다"(디모데전서 6:9-10). 돈을 사랑하는 것의 위험성에 대해서는 성경이 많은 경고를 하고 있으나, 부를 지니고 있는 것 그 자체가 나쁘다고는 말한 적이 없습니다. 때때로 하나님께서는 사람들에게 부를 주시기도 합니다. 문제는 훨씬 더 근본적인 데 있습니다. 이 젊은이의 문제는 부 그 자체라기보다는 부를 사랑한 데 있었습니다. 이것이 그의 진정한 문제였습니다.

산상수훈 중에서 예수님께서는 "한 사람이 두 주인을 섬기지 못할 것이니, 혹 이를 미워하며 저를 사랑하거나, 혹 이를 중히 여기며 저를 경히 여김이라. 너희가 하나님과 재물을 겸하여 섬기지 못하느니라"(마태복음 6:24)고 말씀하셨습니다. 앞서 언급한 그 부자 청년과 대화하시면서, 예수님께서는 그의 삶에서 신(神)이 되어 있는 것이 무엇인지를 알아내셨습니다. 바로 재산이 그의 신이었던 것입니다. 사실상 예수님께서는 그에게 이렇게 말씀하신 것입니다:"네가 영생을 얻기 원한다면, 새로운 주인을 받아들여야 한다는 것을 알아야 한다. 곧 하나님을 너의 새 주인으로 받아들여야 한다. 그리고 하나님께서 네 삶 속에서 하나님으로서의 위치를 차지하시도록 해드려야 한다." 그러나 그에게는 문제가 있었습니다. 그의 모든 삶에 동기를 부여하고 결정에 영향을 미치고 그의 가치관을 결정하는 것이 있었습니다. 그것은 곧 그의 재산과 돈이었습니다. 돈이 그의 주인이요 신이었습니다. 예수님을 통해 하나님을 주인으로 모실 때라야 영생을 소유하게 되는데, 두 주인을 섬기는 것이 불가능하므로, 참 하나님을 받아들이기에 앞서 현재 모시고 있는 신을 버려야 했습니다. 그래서 예수님께서는 그에게 "영생을 얻기 위해서는 너는 마땅히 너의 재산을 팔아 가난한 자들에게 준 후에, 다시 말해 너의 신을 왕좌에서 끌어내리고 난 후에 와서 나를 따르도록 하라"고 하셨던 것입니다.

어려운 요구라고요? 아마 그렇게 들리기도 할 것입니다. 그러나 그것은 그리스도인의 삶의 기본적인 문제를 다루고 있으며, 그 문제에 관해서는 타협이 있을 수 없습니다. 주님께서는 그 사람에게 더 낮은 수준을 제시하여 협상을 하지 않으셨으며, 그에게 예외를 허용치도 않으셨습니다. 예수님은 인자하면서도 단호하게 그 사람을 보내셨고, 그 사람은 미련 없이 돌아갔습니다. 그는 자신이 구한 것을 얻지 못했습니다. 그는 그리스도인이 아니었습니다.

이 사람에 대해 좀더 살펴보기에 앞서 잠시 멈추고 생각해 봅시다. 만약 이와 같은 사람이 당신의 교회에 와서 앞으로 달려 나와 무릎을 꿇고 "제가 어떻게 해야 영생을 얻을 수 있겠습니까?"라고 묻는다면 어떤 일이 일어날까요? 어떤 대답을 듣게 될까요? 당신이라면 어떻게 대답하겠습니까?

요즘 교계의 다양성에 비추어 볼 때, 아마도 천 가지의 서로 다른 대답이 나오지 않을까 염려됩니다. 오랜 세월에 걸쳐 그리스도인이 되는 데 관한 많은 "공식"들이 만들어지고 발전되어 왔는데, 점점 더 값싸고 용이해지는 방향으로 변해 왔습니다. 어떤 사람들은 그에게 필요한 것은 오직 세례를 받고 교회에 출석하며, 교회 활동에 참여하는 것뿐이라고 대답할 것입니다.

내가 알기로, 많은 교회에서는 그를 자리에 앉히고는 "그것은 아주 간단합니다. 예수님께서 당신 마음 가운데 들어오시도록 요청하기만 하면 됩니다"라고 대답할 것입니다. 하지만 이 말이 과연 맞는 것일까요? 나중에 살펴보겠지만, 누구든지 그리스도를 그 마음속에 모셔들이면, 그리스도께서는 그 사람 안에 들어가 거하신다는 것은 완전히 진리입니다. 그리고 그리스도께서 그 안에 계시면 그는 그리스도인이 된다는 것은 분명한 사실입니다. 그러나 "요청하기만 하면" 예수님께서 들어가신다고 말하는 것은 항상 100% 맞는 말은 아닙니다.

하지만, 많은 경우 그 젊은이에게 이렇게 말하고는 그가 그리스도를 영접하는 내용의 기도를 하면 "당신은 이제 그리스도인이 되었다"고 확신시켜 줄 것입니다. 그리고 그에게 어떻게 영적으로 성장하는지에 대해 몇 마디 조언을 해주고 나서 성경을 읽고 기도를 하며 교회에 빠지지 말고 참석하도록 권하고 나서 돌려보냅니다. 그리고는 이 부자 청년이 회심했다고 교인들에게 알립니다. 모두들 기뻐하며, 특히 재정을 맡은 집사가 좋아합니다. 이 새로운 결신자가 헌금에 대한 설교를 들으면 장차 교회 재정에 크게 기여할 것이라는 기대로 가슴이 부풉니다. 그 사람은 최근에 낚아 올린 대어(大魚)인 까닭에 그에게 간증을 해보도록 요청하며, 기업가들의 점심 식사 모임에서 말씀을 전하게 하는 등 그를 최대한 활용합니다.

문제는 단 한 가지, 당신이 6개월 가량 지난 후 그 교회의 기도 모임에 나가 보면, 교인들이 "그 부자 청년"을 위해 기도하고 있는 것을 보게 된다는 것입니다. 교인들은 "그 젊은이가 세상으로 돌아가고 있으며, 점차 영적으로 냉담해지고 있고 흥미를 잃어 가고 있다"고 말해 줄 것입니다. 그러나 그는 세상으로 되돌아가고 있는 것이 아닙니다. 그는 처음부터 그리스도인이 아니었습니다. 비극적인 사실은, 차후에 누군가가 그에게 그리스도에 관해 이야기를 하고자 하면, 그는 "그만두십시오. 나도 그리스도인이 되려고 한 번 시도해 봤지요. 그런데 헛일이었어요"라고 대답할 것이라는 사실입니다.

그 젊은이는 마음에 조금도 미련이 없이 떠나갔습니다. 그는 입으로는 예수님을 영접하는 기도를 하였지만, 그리스도인이 아니었습니다. 그는 아무것도 "시도"하지 않았습니다. 그는 아직 그리스도 밖에 있었습니다. 그는 영생을 소유하고 있지 않았습니다. 그리고 자신도 그것을 알고 있었습니다!

'젊은 부자 관원'

그 부자 청년은 관원이었습니다(누가복음 18:18). 그 젊은 부자 관원의 내면 세계를 알아보고, 그를 이해해 보도록 합시다. 우리는 그 사람에 대해 다음 세 가지를 제외하곤 별로 아는 바가 없습니다. 그는 부자였고, 젊었으며, 관원이었다는 것입니다. 이 세 가지가 다 매력적입니다. 부자가 된다는 것은 매력적인 일입니다. 부하다는 것은 상대적인 것이어서, 대부분의 사람들은 아마 더 부해지려는 꿈을 꾸어 보았을 것입니다. 젊다는 것도 매력적입니다. 특히 마흔 살이 넘어서면! 이런 사람에게 할 수 있는 최고의 찬사는 실제 나이보다 젊어 보인다고 하는 것일 것입니다. 특히 여성들은 실제 나이보다 젊어 보인다고 하면 아주 좋아합니다. 관원이라는 것 또한 매력적입니다. 그가 어떤 일을 맡은 관원이었는지는 성경에 나타나 있지 않지만, 그는 다른 사람들에게 지시를 하고 그러면 사람들은 그 지시를 따르는 그런 삶을 살고 있었을 것입니다. 이 또한 멋있어 보이는 삶이 아닙니까?

그러나, 어느 날 혼자 앉아서 생각에 잠겨 있던 그는 심각한 문제를 깨달았을 것입니다. 비록 그가 부와 젊음과 관원으로서의 권세를 누리고 있다 해도 언젠가는 그 모든 것이 끝이 난다는 것입니다. 언젠가 그는 죽을 것입니다. 죽으면 더 이상 부자일 수가 없습니다. 누군가가 그의 재산을 상속할 것입니다. 젊음도 세월이 흐르면 그의 것이 아닙니다. 또한 관원으로서의 권세도 영원히 누릴 수 있는 것은 아닙니다. 언젠가는 관직에서도 물러날 것입니다. 이런 사실들을 그는 다 알고 있었습니다. 또한 자기가 반드시 늙어야만 죽는 것이 아니라 젊어서도 죽을 수 있다는 것을 알고 있었습니다. 바로 그 다음날 낙타에서 떨어져 죽을 수도 있었습니다. 그래서 그는 "이 문제에 대한 해결책은 딱 하나가 있다. 그것은 죽지 않는 것이다"라고 생각했을 것입니다.

그런데 어느 날 누군가가 그에게 말했습니다. "자네, 나사렛 예수에 대해 들어 본 적이 있나?"

"아니. 그 사람이 누군데?"

"그는 설교자야."

"무엇에 대해 설교하는데?"

"영생에 대해."

"뭐, 영생? 바로 그게 내가 필요로 하는 건데. 내가 영생을 얻을 수만 있다면, 나의 두려움과 필요는 다 해결되지. 가서 그분을 만나 봐야겠다."

그리고 그는 행동에 옮겼습니다. 그는 달려가서, 군중을 헤치고 앞으로 나아가 예수님 앞에 무릎을 꿇고는 "제가 필요로 하는 게 하나 있는데, 선생님께서 그에 대한 해결책을 가지고 계십니다. 영생을 얻기 위해서 제가 무엇을 해야 하겠습니까?" 하고 물은 것입니다.

예수님의 대답은 그 사람을 올 때와 마찬가지로 빈손으로 돌아가게 하였습니다.

그리스도인의 삶은 예수 그리스도의 주재권에 굴복함으로써 시작됩니다. 예수님께서 세상에 오시고, 십자가에서 죽으시고, 죽은 자 가운데서 다시 사신 것은 사람들과의 관계를 회복하기 위한 것이었는데, 그 관계의 근본 핵심이 되는 것이 바로 그리스도의 주재권에 대한 인간의 굴복입니다. "이를 위하여 그리스도께서 죽었다가 다시 살으셨으니, 곧 죽은 자와 산 자의 주가 되려 하심이니라"(로마서 14:9). 바울은 또한 "저가 모든 사람을 대신하여 죽으심은 산 자들로 하여금 다시는 저희 자신을 위하여 살지 않고 오직 저희를 대신하여 죽었다가 다시 사신 자를 위하여 살게 하려 함이니라"(고린도후서 5:15)고 했습니다.

그 젊은 부자 관원에게 있었던 근본적인 문제가 무엇인지 아십니까? 그는 그리스도께서 자기의 종이 되기를 원했지 주인이 되기를 원치 않았던 것입니다. 그는 그리스도께서 자기의 필요를 채워 주기를 원했지, 자기에게 이것 저것을 하라고 명령하기를 원치는 않았습니다. 그런 조건 하에서는 하나님을 경험할 수가 없습니다.

어떤 사람이 예수님께 나아가서, "나는 당신이 나의 구세주가 되기는 원하나, 내 삶의 주인이 되어 내가 무엇을 해야 하며 어떻게 살아야 하는지 이래라저래라 가르치는 것은 원치 않습니다"라고 한다면, 그는 주 예수 그리스도로부터 아무것도 얻지 못할 것입니다. 그리고 만약 예수님을 주님으로 모시지 않고도 그리스도인이 될 수 있다면, 예수님께서는 그 젊은 부자 관원을 다시 만나서 사과를 하셔야 할 것입니다.

나는 세계 곳곳을 여행하며 말씀을 전하면서, 많은 그리스도인들의 마음속에 잘못된 가정이 자리잡고 있는 것을 보고 염려가 되었습니다. 그들은 두 종류의 그리스도인이 있다는 생각을 하고 있었습니다. 하나는, "보통의" 그리스도인으로서, 예수님을 구주(救主)로만 알고 있는 사람들입니다. 그들은 과거의 모든 죄를 용서받았고, 죽으면 천국에 갑니다. 또한 부류는 "특출한" 그리스도인으로서, 그들은 예수님을 단지 구주로만이 아니라 주님으로서 모시고 있는 사람들입니다. 그래서 많은 설교가 이미 예수님을 구주로 모신 사람들이 한 걸음 더 나아가 예수님을 주님으로 모시도록 권면합니다. 그러나 예수님의 구원의 능력은 주님으로서의 그분의 역할의 결과입니다. 우리가 다루어야 하는 기본적인 이슈는 주님으로서의 예수 그리스도의 역할이며, 그 결과로 우리는 구주로서의 그분의 역사를 경험하게 되는 것입니다.

우리는 지금 우리의 삶 속에서의 그리스도의 주재권에 대해 이야기하고 있는데, 이 말이 의미하는 바는 무엇일까요? 아무런 긴장도 갈등도 없는 삶, 만사가 형통한 삶, 죄가 하나도 없는 삶과 같은 것을 의미할까요? 그렇지 않습니다. 그러면 성령 충만한 삶을 의미할까요? 그것이 예수 그리스도를 주님으로서 아는 것과 비슷한 말이긴 하지만 똑같은 의미는 아닙니다. 그러면 예수님이 우리의 주님이시라는 것은 무엇을 의미할까요? 우리는 예수님이 누구신지를 올바로 알아야 합니다. 예수님을 올바로 알 때 그분에 대하여 올바른 태도를 가지게 될 것입니다.

예수님을 올바로 앎

그리스도의 주재권에 대해 이야기할 때 우리는 주관적인 용어로 이야기하는 경향이 있습니다. 마치 "우리가" 예수님을 주님으로 만들기라도 하는듯이 말입니다. 그러나, 성경은 객관적인 용어로 이야기합니다. 성경은 그리스도의 주재권을 객관적인 진리로 이야기합니다. 내가 예수님의 주재권을 믿고 굴복하면 주님이 되시고, 내가 믿지 않으면 주님이 아닌 그런 것이 아닙니다. 내가 믿든 믿지 않든, 내가 굴복하든 않든, 예수 그리스도의 주재권은 분명한 기정 사실입니다. 사도 베드로는 오순절날 복음을 전하면서 다음과 같은 말로 마무리지었습니다: "그런즉 이스라엘 온 집이 정녕 알지니, 너희가 십자가에 못박은 이 예수를 하나님이 주와 그리스도가 되게 하셨느니라"(사도행전 2:36). 예수님은 주님이십니다. 우리가 예수님을 주님이 되게 해서가 아닙니다. 하나님께서 예수님을 주님이 되게 하셨기 때문입니다. 예수님의 삶, 사역, 죽음, 부활, 그리고 하나님 우편으로의 승천의 결과로 예수님은 주님이 되셨으며, 그러므로 우리는 마땅히 예수님을 주님으로서 받아들여야 합니다.

당신이 미국 시민이라고 합시다. 미국 대통령은 미국에서 최고 권위를 가지고 있는데, 이는 당신이 개인적으로 그를 좋아하는지 좋아하지 않는지, 그에게 투표했는지 안 했는지와는 관계가 없습니다. "당신은 그를 당신의 대통령으로 삼았습니까?"는 이슈가 아닙니다. 왜냐하면 그가 대통령이라는 것은 기정 사실이요 객관적인 사실이기 때문입니다. 지금의 관심사는 오직 당신이 그와 그의 정부의 권위에 굴복할 준비가 되어 있느냐 하는 것입니다.

당신이 그 정부의 권위에 굴복할 준비가 되어 있지 않다고 대답했다 합시다. 그 사실이 그 정부가 제정한 법률을 무효로 만들겠습니까? 물론 그렇지 않습니다. 당신이 운전을 하고 있는데 "제한 속도 시속 80km"라고 되어 있는 표지판을 보았습니다. 그런데 당신은 시속 120km로 달리고 싶습니다. 그래서 마음을 굳게 먹고 시속 120㎞로 달리고 있는데, 백미러에 순찰차가 나타나더니 당신 차를 정지시킵니다. 교통 경찰관 두 명이 내리더니 당신에게로 걸어와서 "당신은 자신의 주행 속도를 알고 있었겠지요?"라고 묻습니다.

"네, 시속 120㎞로 달렸습니다."

"여기는 제한 속도가 시속 80㎞인 구간이라는 것을 알고 계시죠?"라고 물으면서 경찰관은 스티커를 발부하기 위해 볼펜을 꺼내 듭니다.

"알고 있습니다. 그러나 한 가지 물어 보고 싶은 게 있습니다. 이런 길에서 내가 시속 80㎞ 이상을 달려서는 안 된다고 누가 정했습니까?"

"그건 정부에서 정했습니다."

"그렇다면 내겐 해당이 안 됩니다. 나는 이 정부에 투표를 하지도 않았고, 좋아하지도 않으며, 그 정책이나 법률에 동의하지도 않습니다."

자, 당신이 그 법에 동의하지 않는다고 해서 그 법의 적용을 받지 않겠습니까? 물론 그렇지 않습니다. 당신이 동의하든 않든 그 법은 법으로서의 효력을 발휘합니다. 그래서 당신의 항의에도 불구하고 당신은 벌금을 내거나, 내기를 거부하면 감옥에 가야 할 것입니다. 정부와 그 정부가 부과하는 법률은 객관적인 현실입니다. 당신이 다루어야 할 문제는, 그 정부에 투표를 했느냐의 여부나 정부의 정책에 동의하느냐의 여부가 아니라, 그 정부의 권위에 굴복할 준비가 되어 있느냐 하는 것입니다.

이와 비슷하게, 그리스도의 주재권도 객관적인 현실로 이해되어야 합니다. 예수님은 우리가 그분을 주님으로 만들어서가 아니라, 하나님께서 그분을 주님으로 삼으셨기 때문에 주님이십니다. 우리가 좋아하든 싫어하든, 마지막 날에는 모든 사람이 예수님 발 아래 무릎을 꿇고 예수님을 주님으로 인정하게 될 것입니다. 바울은 이렇게 말했습니다:"이러므로 하나님이 그를 지극히 높여 모든 이름 위에 뛰어난 이름을 주사 하늘에 있는 자들과 땅에 있는 자들과 땅 아래 있는 자들로 모든 무릎을 예수의 이름에 꿇게 하시고, 모든 입으로 예수 그리스도를 주라 시인하여 하나님 아버지께 영광을 돌리게 하셨느니라"(빌립보서 2:9-11). 예수님이 주님이시라는 것은 확실한 사실이며, 지구 상에 살았던 모든 사람이 언젠가는 이 사실을 인정하게 될 것이라고 성경은 가르치고 있습니다.

복음이 중요한 이유도 바로 여기에 있습니다. 우리가 복음을 전파하는 것은 그것이 효과가 있기 때문이 아니라, 그것이 사실이기 때문입니다. 어떤 사람이 그리스도인이 되어야 하는 이유는 그의 삶의 필요 때문이 아니라, 예수 그리스도께서 구주이시며 주님이시기 때문입니다. 우리가 만약 복음이 효과가 있기 때문에 전파한다면, 우리는 효과가 있다고 주장하는 수많은 것들과 경쟁을 해야 합니다. 우리가 만약 그리스도께서 우리의 필요를 채워 주시기 때문에 그분을 전파한다면, 삶에서 별 어려움이 없고 자기 문제는 스스로 해결할 수 있다고 생각하는 사람들에게는 할 말이 없을 것입니다. 복음이 중요한 것은 그것이 참된 사실이기 때문입니다. 모든 사람은 한 번은 예수 그리스도의 주님 되심을 인정해야만 합니다. 하나님께서는 사람들이 다른 선택의 여지가 없어지는 그날까지 기다리기보다는 지금, 자유롭게, 자발적으로 그리스도의 주님 되심을 인정하기를 원하십니다.

문제는 그리스도를 주님으로 삼을 것이냐 하는 것이 아니라, 주님이신 그분께 굴복할 것이냐 하는 것입니다. 우리는 정부의 권위에 굴복하기를 거부할 수도 있습니다. 그러나 우리는 여전히 그 권위의 지배 아래 있습니다. 이는 정부가 현실로 존재하기 때문입니다. 우리는 예수 그리스도의 권위에 굴복하기를 거부할 수도 있으나, 여전히 모든 인류와 더불어 그분의 지배 아래 있습니다. 우리는 예수 그리스도와 관련하여 한 가지 기본적인 선택을 해야 합니다. 그것은 바로, 자발적이고 자유롭게 예수님께 굴복할 것인가, 아니면 하나님께서 모든 무릎을 예수님의 이름에 꿇게 하시고 모든 입으로 예수 그리스도를 주님이라 시인하게 하실 때 마지못해 예수님께 굴복할 것이냐 하는 것입니다. 그러나 우리가 그때까지 기다린다면 이는 슬픈 일이 될 것입니다. 그리스도인이 된다는 것은 지금 예수님께 자발적으로 굴복하는 것을 내포하고 있습니다.

예수님에 대한 올바른 태도

예수님에 대하여 올바로 알았다면, 그 다음에 해야 할 일은 예수님에 대해 올바른 태도를 취하는 것입니다. 이것이 그 젊은 부자 관원이 직면했던 문제였습니다. 그리스도께서 나의 주님이심을 인정하고 그분이 나의 삶을 다스리시도록 해드려야 합니다. 이것이 구원의 조건입니다. "네가 만일 네 입으로 예수를 주로 시인하며 또 하나님께서 그를 죽은 자 가운데서 살리신 것을 네 마음에 믿으면 구원을 얻으리니, 사람이 마음으로 믿어 의에 이르고 입으로 시인하여 구원에 이르느니라"(로마서 10:9-10). 우리는 마땅히 우리 삶에 대한 예수님의 절대적인 권리를 인정해야 하며, 그분의 목적과 계획과 즐거움을 우리의 관심사로 삼고자 하는 열망을 가지고 우리 자신을 그분께 드려야 합니다.

결혼을 예로 들어 봅시다. 결혼 전에 내가 결혼할 수 있는 여성들은 많이 있었을 것입니다. 세계에는 20억 이상의 여성이 있는데, 그 중에는 이미 결혼한 여성도 있고, 어떤 여성은 나이가 너무 많거나 너무 적으므로, 적게 잡아 세계 여성의 0.1%(1,000명 중 1명)가 나와 결혼할 수도 있는 여성이라고 칩시다. 그렇다면 2백만 명의 여성이 나의 결혼 대상이 될 수가 있습니다. 선택의 여지가 대단히 많습니다!

그러나 현재의 아내를 만나 결혼할 때 나는 다른 여성은 모두 포기하고 우리가 살아 있는 동안 오직 그녀만을 아내로 삼고 사랑하겠다고 서약했습니다. 2백만 명의 가능성 있는 여성들 가운데 한 사람을 택했을 때 갑자기 나머지 1,999,999명은 내가 결혼할 수 없는 여성이 되어 버렸고, 나도 그들에게 그렇게 되었습니다. 아내만이 나의 전적인 사랑의 대상이요, 남편으로서의 헌신의 대상이 되었습니다.

이것은 우리가 그리스도와 맺어야 할 관계를 잘 보여 줍니다. 그리스도는 우리 삶에서 권위자로서의 절대적인 권리를 부여받아야 하며, 그 어떤 것도, 심지어는 합법적이고 선한 것들도 그 권리를 침해해서는 안 됩니다. 그래서 예수님께서는 "무릇 내게 오는 자가 자기 부모와 처자와 형제와 자매와 및 자기 목숨까지 미워하지 아니하면 능히 나의 제자가 되지 못하고"(누가복음 14:26)라고 하신 것입니다. 이 말씀은 아버지, 어머니, 아내, 자녀, 형제, 자매가 있는 것이 나쁘다는 의미는 아닙니다. 이러한 관계들은 다 선하고 바른 것이며, 이생에서 정상적인 것들입니다. 그러나 그리스도께서는 나쁜 것들뿐만 아니라 바르고 선한 것들에 대해서도 우선순위를 가지고 계십니다.

아내와 결혼하던 날, 그녀는 내 삶에서 그 어떤 인간 관계도 넘볼 수 없는 위치를 차지하게 되었습니다. 그러나 남편과 아내의 관계의 이러한 배타성이 둘 사이에 결코 긴장이나 오해나 갈등이 없을 것이라는 의미는 아닙니다. 결혼과 같이 긴밀한 관계 안에서도 이런 것들은 불가피한 것이어서, 상대방에게 사과를 하거나 둘 사이에 자리잡고 있는 장벽을 허물기 위해 노력하는 것이 필요할 때가 있기 마련입니다. 그러나 결혼 서약은 여전히 유효하며, 둘 사이의 관계는 계속 변함이 없습니다.

마찬가지로 예수 그리스도와 우리의 관계에서도 그분께 대한 우리의 굴복은 그분이 우리 삶에서 다른 것과 공존할 수 없는 절대적인 우선순위를 지니게 되었다는 것을 의미하지만, 우리에게 문제, 갈등, 죄나 실패 등이 없을 것이라는 의미는 아닙니다. 이러한 것들은 불가피합니다. 요한은 그리스도인들에게 편지하면서, "만일 우리가 죄 없다 하면 스스로 속이고 또 진리가 우리 속에 있지 아니할 것이요"(요한일서 1:8)라고 했습니다. 그러나 우리가 죄를 범했을 때 자백하고 그 죄에서 돌이키면 하나님께서는 용서하여 주십니다(요한일서 1:9). 거듭된 실패에도 불구하고 주님과 우리의 관계는 변함이 없으며, 어쨌든 우리 생의 주된 목표는 주님을 기쁘시게 해드리며 주님을 섬기는 것입니다.

"내가 그리스도인이 되려면 얼마나 많은 것을 포기해야 합니까?"라는 질문을 종종 받곤 합니다. 그러면 예전에는, "아, 그건 모두 뭐뭐에 달려 있지요"와 같은 식으로 대답하고는, 물은 사람에게 겁을 주지 않으려고 최대한 조심했으며, 우리가 포기해야 할 것은 오직 우리를 위해 나쁜 것들뿐이라는 인상을 심어 주려 애를 쓰곤 했습니다. 그러나 이젠 더 이상 그런 식으로 대답하지 않습니다. 그런 질문을 받으면 나는 "모든 것을 포기해야 합니다"라고 대답합니다. 예수님께서는 "이와 같이 너희 중에 누구든지 자기의 모든 소유를 버리지 아니하면 능히 내 제자가 되지 못하리라"(누가복음 14:33)고 말씀하셨습니다. 이 말씀은 예수님께서 우리의 모든 것을 빼앗아 가신다는 의미가 아니라, 우리가 가지고 있는 모든 것은 이제 그분의 권위 아래 두어야 하며 그분의 목적을 위해 사용되어야 한다는 말입니다. 그렇게 하지 않고는 나는 제자가 될 수 없습니다. 제자가 더 높은 수준이라는 생각에 사로잡혀 "그리스도인"이 되는 것과 "제자"가 되는 것을 구분하지 마십시오. "그리스도인"이라는 말은 처음에 단지 제자들의 별명으로 사용된 것입니다. "제자들이 안디옥에서 비로소 그리스도인이라 일컬음을 받게 되었더라"(사도행전 11:26). 제자가 될 때라야 비로소 우리는 그리스도인이라 칭함을 받을 자격이 있게 되는 것입니다. 그러므로 제자에게 요구되는 조건들을 충족시키는 사람이 아니라면 그리스도인이 아닙니다!

이 모든 것이 너무 센 것처럼 느껴지십니까? 내가 모든 것을 그리스도께 드려야 한다는 것이 너무 일방적인 것처럼 들립니까? "주님으로서의 그분의 역할이 내게 무엇을 의미합니까?"라고 물을지도 모르겠습니다. 이제 그 질문에 대해 생각해 보도록 하겠지만, 우리 삶에서 그리스도께서 주님이 되실 때 얻게 되는 수많은 놀라운 유익들은 오직 우리가 대가를 치러야 한다는 사실을 받아들이고 기꺼이 대가를 치를 때라야 우리의 것이 될 수 있다는 사실을 기억하기 바랍니다.

4

예수 그리스도의 주재권

몇 년 전 친구와 함께, 젊은이들이 모여 있는 장소에 예수 그리스도에 대해 증거하기 위해 간 적이 있습니다. 당시 나는 사람들에게 적극적으로 복음을 전하기 시작한 지 얼마 되지 않았으나, 다행스럽게도 친구는 경험이 많아 말은 대부분 그가 하기로 되어 있었습니다. 우리는 한 젊은이와 이야기를 나누게 되었는데, 그는 참으로 우리가 전하는 복음에 열린 태도를 보였습니다. 친구는 우리의 존재의 참된 의미와 목적은 그리스도 안에서만 발견된다는 것을 조심스러우면서도 친절하게 설명해 주었습니다.

두어 시간에 걸쳐 대화를 나눈 후, 그 젊은이는 자신을 그리스도께 드릴 준비가 되어 있는 듯 보였습니다. 물론 친구는 이를 놓치지 않고 그에게 질문을 했습니다. "오늘 저녁 우리가 나누었던 모든 대화에 비추어 볼 때, 자네가 지금 그리스도인이 되어서는 안 될 이유라도 있는가?"

그 젊은이는 앉아서 잠깐 생각해 보더니 내 친구를 바라보며 "없습니다. 아무 이유도 없습니다"라고 대답했습니다.

나는 이 말을 듣고 신이 났습니다. 그러나 놀랍게도 내 친구는 테이블에 몸을 숙이더니 "그러면, 몇 가지 더 이야기해 주겠네!"라고 하는 것이었습니다. 그리고 몇 분간에 걸쳐 친구는 그리스도인이 될 때 치러야 할 값에 대해 말해 주었습니다. 친구는 그 젊은이가 자기의 모든 삶과 미래와 야망과 대인 관계와 재산과 기타 모든 것을 하나님께 내놓아야 할 필요가 있다는 것을 말해 주었습니다. 그리고 오직 그렇게 할 준비가 되어 있을 때 그리스도께서는 그 사람의 삶에서 효과적으로 일하실 수 있다는 것을 설명해 주었습니다.

나는 그 젊은이가 맥이 빠져 자리에 주저앉는 것을 보았습니다. 나도 당황이 되어 자리에 주저앉았습니다. 내 친구는 테이블 위로 몸을 더 숙이더니 "여전히 자네는 오늘 저녁에 그리스도인이 되어서는 안 되는 이유가 전혀 없는가?"라고 물었습니다.

잠시 후 그 젊은이는 "몇 가지 이유를 생각할 수 있을 것 같습니다"라고 대답했습니다.

"그렇다면 그 모든 이유들을 다 해결하고 기꺼이 그리스도께 모든 것을 내드릴 수 있을 때까지는 그리스도인이 되지 말도록 하게"라고 내 친구는 말했습니다.

그 다음 우리는 그 젊은이와 주소를 교환하고 다시 만날 약속을 했습니다.

거리로 나왔을 때 나는 친구에게 화가 났습니다. 나는 "도대체 자네는 어쩌려고 그래? 그 사람은 예수님을 믿으려고 했는데 자네가 겁을 줘서 내쫓아 버렸어!"라고 분노를 터뜨렸습니다.

놀랍게도 친구는 "이런 상황에서 주님께서는 어떻게 하셨지?"라고 내게 물었습니다.

나는 그런 데 대해 생각해 본 적이 없었습니다. 나는 머리에 떠오르는 생각을 말했습니다. "예수님께서는 될 수 있는 대로 빨리 자신을 따르도록 초대하셨겠지"라고 대답했습니다.

그는 "자네가 틀렸네"라고 대답하고는, 예수님께서는 사람들이 자신을 따르는 것을 결코 쉽게 생각하지는 않도록 하셨으며, 관심을 보이는 모든 사람에게 제자가 되는 데 따르는 대가와 요구 사항들을 분명히 말씀해 주셨다고 했습니다.

그날 밤 우리는 함께 앉아 예수님께서 자신을 따르기 원하는 사람들에게 어떤 반응을 나타내셨는지를 알고자 성경을 공부했습니다. 나는 놀라지 않을 수가 없었습니다! 우리는 예수님께 나아올 때와 마찬가지로 빈손으로 돌아간 그 젊은 부자 관원을 살펴보았습니다. 우리는 열정을 품고 예수님께 나아와 예수님을 따르겠다고 하는 사람에게 예수님께서 어떻게 말씀하셨는지를 보았습니다. 그 사람에게 예수님께서는 "여우도 굴이 있고, 공중의 새도 거처가 있으되, 오직 인자는 머리 둘 곳이 없다"(마태복음 8:20)고 대답하시면서, 그 사람을 집도 없이 사시는 예수님 자신의 삶에 동참하도록 초대하셨습니다. 또 다른 사람은 자기 아버지가 죽어 모든 일이 정리될 때까지 기다렸다가 주님을 따르려고 했습니다. 그러나 예수님께서는 "죽은 자들로 저희 죽은 자를 장사하게 하고 너는 나를 좇으라"(마태복음 8:22)고 말씀하셨습니다. 어떤 사람들이 "어려운 가르침"이라고 부른 가르침을 예수님께서 베푸신 후에는 "제자 중에 많이 물러가고 다시 그와 함께 다니지 아니하였습니다"(요한복음 6:66). 예수님께서는 그들을 불러 세우지 않으셨을 뿐 아니라, 오히려 떠나지 않은 열두 제자들에게 "너희도 가려느냐?"(요한복음 6:67)고 물으셨습니다.

나는 예수님께서는 사역의 결과나 열매에 대한 강박 관념에 사로잡혀 있지 않으셨고, 다만 진리를 가르치시며, 하나님께서 맡기신 책임을 이행하셨다는 것을 깨달았습니다. 주님께서는 결과보다는 사람들을 더 사랑하셨습니다. 주님은 사람들을 사랑하셨기에 그들에게 정직하셨습니다. 그런데 나는 사람들 그 자체보다는 통계 숫자를 더 사랑하고 있음을 알았습니다. 나는 한 사람이 진정으로 하나님 앞에서 올바른 결단을 했는지에 관심을 갖기보다는 집에 가서 어떻게 한 사람이 그리스도께로 돌아오게 되었는지를 얘기하는 데 바빴습니다.

숫자적인 측면에서 본다면 예수님의 사역은 그리 효과적이었던 것 같지가 않습니다. 예수님이 오늘날의 전도자였다면, 필시 그분의 전도 사역의 성과는 기독교 신문에 실리지 않았을 것입니다. 많은 사람들 앞에서 말씀을 전할 기회가 많지 않았다는 것은 아닙니다. 한번은 남자만 5천 명 되는 큰 무리 앞에서 말씀을 선포하셨으며, 보리떡 다섯 개와 물고기 두 마리로 그 많은 사람들을 배불리 먹이는 기적을 행하시기도 했습니다. 또 한번은 4천 명을 먹이셨는데, 그때는 물고기 두어 마리와 떡 일곱 개로 그렇게 하셨습니다. 예수님이 가시는 곳에는 어디에나 많은 사람들이 그 주위에 모여들어 그분의 말씀을 들었고, 그분이 행하시는 이적들을 목도했습니다. 병든 자와 죽어 가는 자들을 예수님께 데려오면 그분은 다 고쳐 주셨습니다(마태복음 8:16). 갈릴리 지방으로부터 예루살렘에 이르기까지 모든 사람들이 그분에 대해 알았고, 그분에 대해 이야기를 나누며 토론을 벌이기도 했습니다. 어떤 이들은 그분을 좋아했고 어떤 이들은 미워했습니다. 예수님께서 십자가를 지시기 며칠 전 나귀 새끼를 타고 예루살렘 성에 들어가실 때 많은 사람들이 자기 겉옷을 펴고 종려나무 가지를 베어 길에 펴며 예수님을 환영하면서, "호산나! …가장 높은 곳에서 호산나!"(마가복음 11:9-10)라고 소리쳤습니다.

많은 사람들이 환호성을 지르며 예수님을 맞이했고, 수많은 사람들이 병 고침을 받았으며, 많은 사람들이 그분의 말씀을 들었고, 많은 사람들이 그분이 행하시는 이적을 목격하였지만, 극소수의 사람들만이 그분의 제자가 되었습니다. 그 수가 정확히 얼마나 되는지는 알 수가 없지만, 예수님께서 승천하신 직후 성령의 강림을 기다리기 위해 예루살렘의 다락방에 모였던 사람은 120명에 지나지 않았습니다. 3년간의 공생애 동안 120명의 제자를 얻었다면 이는 평균 매주 한 명도 못 얻으셨다는 계산이 나옵니다. 이런 정도의 선교 사역이라면 기독교 신문에 실릴 만한 뉴스거리가 되지 못합니다!

왜 그토록 적은 수만이 예수님을 따랐습니까? 빌라도가 예수님을 십자가에 못박을 것인지 묻자 무리 중 압도적 다수가 그분을 십자가에 못박아 죽여야 한다고 했습니다. 우유부단하여 스스로 결정을 내리기 어려웠던 빌라도가 무리에게 예수님과 유명한 살인자인 바라바 중 누구를 놓아주기를 원하는지 물었습니다. 바라바를 놓아 달라는 그들의 대답에 빌라도는 깜짝 놀랐을 것입니다. 빌라도로서는 무리들이 바라바를 석방해 주도록 요청하리라고는 꿈에도 생각지 못했을 것입니다. 바라바는 많은 사람들이 두려워하던 사람이었기 때문입니다. 그가 근방에 얼씬거리면 사람들은 대문을 단단히 잠갔습니다. 바라바가 시내에 있다는 소리를 들으면 그들은 자녀들이 거리에 나가지 못하게 했을 것이며, 여자들이 혼자 외출하는 것을 막았을 것입니다. 그는 흉악한 사람이었습니다. 바라바가 십자가에 달리는 날이 정의가 실현되는 날이라고 많은 사람들은 생각했을 것입니다. 그러한 바라바를 빌라도는 무리가 원하면 용서하고 자유롭게 다시 거리를 활보할 수 있도록 석방해 주겠다는 것이었습니다.

그들은 예수님께서 그들의 거리로 되돌아오시게 할 수도 있었습니다. 그분을 멀리하기 위해 대문을 굳게 잠글 필요가 없었습니다. 예수님께서는 아이들을 사랑하셨고 아이들도 예수님을 좋아했기 때문에, 그분이 부근에 계신다고 아이들이 대문 밖에 못 나가게 하는 사람은 없었습니다. 사람들은 예수님을 자기 집에 맞아들였습니다. 그들은 자신들의 필요를 예수님께 털어놓았고, 예수님은 그것을 이해하셨습니다. 그들은 병든 자들을 메고 예수님께 나아왔습니다. 예수님은 수년 동안 아무도 손댄 적이 없는 문둥병자들에게 손을 얹어 고쳐 주기도 하셨습니다. 그분은 사회에서 소외된 자들을 만나기도 하셨으며, 악명 높은 "죄인들"의 집에서 식사를 하기도 하셨습니다. 자기 의(義)에 도취되어 있는 사람들은 예수님을 미워했으나, 보통 사람들은 그분을 사랑했습니다.

빌라도는 무리들에게 바라바와 예수님 가운데 하나를 택하도록 선택권을 주었을 때 깜짝 놀랐을 것입니다. 그들이 바라바를 원했기 때문입니다! "그러면 그리스도라 하는 예수를 내가 어떻게 하랴?"고 빌라도가 물었습니다. 그들은 "십자가에 못박으소서! 십자가에 못박으소서!" 하고 외쳐 댔습니다.

왜 그때 그들은 예수님께 그런 반응을 나타냈습니까? 그 이유를 예수님께서는 마지막으로 예루살렘에 올라가시기 직전에 비유를 통해 말씀해 주셨습니다. 이유는 간단했습니다. "우리는 이 사람이 우리의 왕 됨을 원치 아니하노이다"(누가복음 19:14). 예수님을 왕으로 모실 때의 요구 사항들 때문에 사람들은 두 부류로 나누어집니다. 사람들은 예수님으로부터 뭔가를 얻기 위해 예수님께 왔기에 예수님께서 그들에게 충성이나 헌신을 요구하면 등을 돌렸습니다. 사람들이 궁극적으로 직면해야 했던 공통적인 문제는 그분을 왕으로 모실 것인가 하는 것이었습니다. 당신도 이 문제에 직면해야 하며, 나도 마찬가지입니다. 그것도 한 번이 아니라 일생 동안 끊임없이 이 문제를 맞이해야 합니다.

왜 우리는 하나님을 두려워하는가?

왜 그토록 많은 사람들이 삶에서 그리스도의 주님 되심을 인정하기를 두려워합니까? 나는 하나님과 올바른 관계 가운데 있기를 원하면서 그분께 굴복하는 것은 두려워하는 사람들과 대화를 나눈 적이 많습니다.

웨일즈 남부의 어느 학교에서 가진 집회에서 말씀을 전한 후 한 여학생이 눈물을 흘리고 있는 것을 발견했습니다. 그녀는 자신을 진정으로 온전히 하나님께 드리고 싶으나, 하나님께서 자기에게 무엇을 요구하실

지 몰라 두렵다고 했습니다. 하나님께서 혹시 그녀가 좋아하지 않는 직업을 주시지나 않을지, 그녀가 사랑하지도 않는 남자와 결혼하게 하시지나 않을지 두려워하고 있었습니다. 이러한 것들이 많은 사람들에게 염려거리가 되고 있습니다. 만약 하나님께서 계획을 가지고 계신다면, 그 계획들은 선한 계획이 아닐 것이라고 사람들은 생각합니다. 만약 하나님께서 그들에게 시킬 일을 가지고 계신다면, 그것은 그들이 하고 싶지 않은 그런 일일 것이라고 생각합니다. 하나님께서 그들이 누구와 결혼해야 할지를 계획해 두셨다면, 결혼 상대자가 어떤 사람일지 걱정합니다. 그들은 사랑하기 때문에 결혼하는 것이 아니라, 사랑도 하지 않고 마음도 없는데 하나님이 정하셨으니까 마지못해 순종하는 마음으로 결혼하게 되지나 않을까 하고 염려하는 것입니다. 이런 생각들의 밑바탕에 있는 생각은, 자기들이 좋아하지 않는 것은 하나님께서 좋아하시고, 자기들이 좋아하는 것은 하나님께서 좋아하지 않으실 것이라는 것입니다. 나도 그런 두려움을 느낀 적이 있는 까닭에 그러한 두려움을 이해합니다.

어느 학생들의 모임에서 나는, 아침에 눈을 뜨는 순간부터 저녁에 잠자리에 드는 순간까지, 그리고 지금부터 생이 끝나는 순간까지 오로지 하나님께서 원하시는 것만 행한다면 그들의 삶이 어떻게 될 것이라 생각하는지 물어 보았습니다. 대답들은 흥미로웠으나 한결같이 부정적인 내용이었습니다. 그러한 삶은 무미건조하고 따분하고 형편없는 삶일 것이라고 힘주어 말했습니다. 단 하나의 긍정적인 대답은 "적어도 우리는 잘못된 것을 행치는 않게 될 것입니다"였는데, 그나마 다른 학생이 "하지만 그렇게 되면 아무 즐거움도 누리지 못할 것입니다!"라고 덧붙이는 것이었습니다.

나는 그들에게 "여러분은 도대체 어디서 하나님에 대한 그런 생각을 얻게 되었습니까?" 하고 물었습니다.

그들은 "그리스도인들로부터요" 하고 대답했습니다.

그들은 그리스도인이 무엇인지 진정으로 알지 못하고 있었습니다. 그들은 그리스도인이란 나약하고 여성적이며 어떤 틀에 갇혀서 자기가 하기 싫은 것을 마지못해 하고 있는 사람들이라는 인상을 가지고 있었습니다. 많은 사람들이 하나님에 대해 좋지 못한 이미지를 가지고 있는데, 그들 가운데 대부분이 불신자들이기는 하나, 그리스도인이라고 자처하는 사람들도 하나님께서 원하시는 일을 행하는 데 대해 두려움을 가지고 있는 경우가 있습니다.

우리가 하나님의 계획에 대해 두려움을 느낀다면, 그 원인은 언제나 동일합니다. 하나님을 잘 몰라서 그러는 것입니다. 하나님에 대한 부정적인 이미지나 두려움은 대부분 하나님의 참모습을 모르고 있다는 사실에 기인합니다. 우리 딸아이는 어떤 사람들 앞에서는 불안해하는데, 그것은 언제나 같은 이유 때문입니다. 곧 그 애는 그 사람들을 잘 모르기 때문입니다. 이에 대한 유일한 해결책은 그 애가 그 사람들을 잘 알아 갈 수 있도록 시간을 주는 것뿐입니다. 내가 믿기로, 그리스도인의 삶에서 우리가 맞이하는 난관 가운데 많은 것들이 하나님을 잘 알지 못하는 데 기인하고 있습니다. 나 자신의 삶에서도 그러하고, 다른 많은 이들의 삶에서도 그러합니다.

사도 바울의 말에 귀를 기울여 보십시오. "나의 의뢰한 자를 내가 알고, 또한 나의 의탁한 것을 그날까지 저가 능히 지키실 줄을 확신함이라"(디모데후서 1:12). 바울은 두 가지 사실을 확신하고 있다고 말합니다. (1) 그는 자신이 의뢰하고 있는 분이 누구인지를 알고 있습니다. (2) 그는 자신이 의뢰한 그분이 자기가 의탁한 것을 지키실 것을 알고 있습니다. 그의 두 번째 확신은 첫 번째 확신에 기초를 두고 있습니다. 우리가 믿고 있는 하나님이 어떤 분이신지를 알 때 우리는 하나님을 의뢰하게 됩니다.

바울은 "나는 내가 의뢰한 것을 안다"고 하지 않고 "나는 내가 의뢰한 자를 안다"고 했습니다. 이 둘 사이에는 엄청난 차이가 있습니다. 내가 결혼 생활을 즐거워하는 것은 결혼에 대한 좋은 책을 읽었기 때문이라거나 결혼이라는 주제에 대해 강연을 할 수 있기 때문이 아니라, 내가 아내를 알며 아내는 함께 살기에 매우 훌륭하기 때문입니다. 그리스도인의 삶이란 진리들을 아는 것 그 이상입니다. 그것은 하나님을 아는 것입니다. 그리고 우리의 경험의 깊이와 질은 우리가 얼마나 그분을 알고 있는가와 직접적인 관련이 있습니다. 사실상, 그리스도인의 삶의 모든 측면이 하나님을 앎으로 말미암습니다. 예수님께서는 영생을 이렇게 정의하셨습니다: "영생은 곧 유일하신 참 하나님과 그의 보내신 자 예수 그리스도를 아는 것이니이다"(요한복음 17:3). 영생은 어떤 사물과 연관되어 있는 것이 아니라 한 인격적 존재와 연관되어 있습니다. 즉, 영생은 하나님과 예수님을 아는 것입니다. 그리고 하나님과 예수님을 앎으로써 영생을 누릴 수 있습니다.

자신이 믿는 이가 누구인지를 앎으로써 바울은 두 번째 사실을 확신할 수 있었습니다: "나의 의탁한 것을 그날까지 저가 능히 지키실 줄을 확신함이라." 바울은 자기가 예수님께 의탁한 것들에 대해서 염려나 두려움이 없었습니다. 왜냐하면 예수님께서는 그것들을 능히 지키실 수 있기 때문이었습니다. 내가 지금 쓰지 않을 돈이 있다면, 그것을 은행에 예금해 둘 수도 있고 내 자신이 간수할 수도 있습니다. 그것을 은행에 예금시켜 두면, 그 돈을 간수하고 지킬 책임은 은행이 지게 됩니다. 나는 그 돈의 안전에 대해서는 마음을 놓아도 됩니다. 내가 맡긴 돈을 은행이 능히 지켜 줄 것을 확신하기 때문입니다. 은행은 내가 맡기는 돈을 맡아 지킬 준비가 되어 있습니다.

그러나 내가 그 돈을 은행에 맡기지 않고 대신 우리 집 장롱 속에 보관하기로 결정하면, 이제 내 자신이 그 돈을 간수할 책임이 있습니다. 그 돈의 일부가 없어졌다 해도 은행은 책임이 없습니다. 내가 그것을 은행에 맡기지 않았기 때문입니다. 은행은 내가 맡긴 것만 간수합니다. 내가 은행에 맡기지 않은 것은 내가 간수해야 합니다.

내가 그리스도께 맡겨 그분의 손 안에 둔 것은 그분이 간수할 책임이 있습니다. 그분께 의탁하지 않은 것은 내 자신이 간수해야 합니다. 누구에게 맡길 것이냐, 이것이 우리가 해야 할 선택입니다. 그리스도께서 나의 모든 삶을 돌보시는 것을 두려워한다면, 이는 내가 그분을 잘 모르고 있거나, 그분을 원치 않기 때문일 것입니다.

하나님의 계획은 선하다

하나님의 계획들이 항상 우리에게 기쁨을 주는 것은 아니지만 선합니다. 하나님의 계획들이 언제나 즐거운 것으로 보이지는 않지만 온전합니다. 바울은 하나님의 뜻을 "선하시고 기뻐하시고 온전하신 뜻"(로마서 12:2)이라고 했습니다. 하나님의 뜻이 선하고 온전한 것임을 알게 되면 그로 인해 우리는 기쁨을 느끼게 될 것입니다. 때때로 하나님의 백성들이 자신을 하나님의 뜻이 이루어지도록 도구로 드릴 때, 하나님의 계획들은 그들을 고통이나 시련 가운데로 이끌기도 했습니다.

예수님께서는 일신의 안일을 생각지 않으시고 늘 아버지의 뜻을 행하셨으며, 그로 인해 친히 심한 고통을 겪으셨습니다. 십자가에 못박히시기 직전 겟세마네 동산에서 예수님께서는 제자들에게 "내 마음이 심히 고민하여 죽게 되었다"(마태복음 26:38)고 말씀하신 후, 이어서 "내 아버지여, 만일 할 만하시거든 이 잔을 내게서 지나가게 하옵소서. 그러나 나의 원대로 마옵시고 아버지의 원대로 하옵소서"(39절)라고 기도하셨습니다.

우리는 솔직하고 현실적이 되어야 합니다. 순종을 하기 위해서는 치러야 할 값이 있습니다. 순종은 사탄과의 영적 전쟁에서 우리를 최전방으로 이끕니다. 우리는 위험, 눈물, 고통 등으로부터 면제된 것이 아닙니다. 그러나 눈물과 고난 저 너머에는, 답을 알 수 없는 의문 저 너머에는, 고통스런 전투 저 너머에는, 하나님께서 이루고 계시는 것이 있는데, 그것은 선하며 온전합니다. 우리가 전체 그림을 볼 수 있다면, 그것이 기쁨을 주는 것이라는 것에 대해 의심치 않을 것입니다. 이사야는 주님이 당하실 고난을 다음과 같이 예언했습니다:"여호와께서 그로 상함을 받게 하시기를 원하사 질고(疾苦)를 당케 하셨은즉…그가 자기 영혼의 수고한 것을 보고 만족히 여길 것이라"(이사야 53:10-11). 예수님의 상함과 고난은 하나님의 뜻이었습니다. 주님은 십자가의 고통 저 너머로 하나님의 목적을 보셨고, 그리고 만족하셨습니다.

하나님께서는 우리 삶을 통해 성취하고 계신 것이 무엇인지를 우리에게 설명하셔야 할 의무가 없습니다. 때때로 하나님께서는 성경에 나오는 인물들에게 종종 그러셨듯이 흘끗 보여 주시기도 하지만, 대개는 설명해 주시지 않기 때문에 우리는 "보는 것"이 아니라 "믿음"으로 행해야 합니다(고린도후서 5:7 참조).

성경에 나오는 인물 중에 불행한 운명을 타고난 것 같은 사람으로 요셉이 있습니다. 그에게는 두 가지 불리한 점이 있었습니다. 첫째, 그는 12명의 아들 가운데 11번째였습니다. 둘째, 이것은 첫 번째보다 더 불리한 점으로, 형들이 그를 미워했다는 것입니다.

하루는 밤에 꿈을 통하여 하나님께서 요셉에게 그의 미래에 대해 흘끗 보여 주셨습니다. 꿈의 내용은 이렇습니다. 요셉이 형들과 함께 들에서 곡식 단을 묶고 있는데, 갑자기 요셉의 곡식 단은 벌떡 일어서고 나머지 곡식 단들은 그의 곡식 단 앞에 굽혀 절을 했습니다. 후에 그는 다시 꿈을 꾸게 되었는데, 먼저 꾼 것과 비슷한 내용이었습니다. 이번에는 해와 달과 열한 별이 그에게 절하는 것이었습니다. 요셉은 형들에게 이 꿈 얘기를 했는데, 이 꿈이 암시하는 것은 어느 날엔가 형들이 요셉에게 절을 하게 된다는 것이었습니다. 말할 필요도 없이 그들은 이로 인해 요셉을 더욱 미워하게 되었으며, 그를 없애 버리기로 결정했습니다.

어느 날 집에서 멀리 떨어진 곳에서 양을 치고 있는 형들에게 요셉이 아버지 심부름 차 갔는데, 형들은 요셉을 미디안 상인들에게 팔았습니다. 그는 애굽의 노예 시장에서 경매에 붙여졌습니다. 요셉의 형들은 아버지 야곱이 요셉에게 준 채색옷을 취하고 숫염소를 죽여 그 옷을 피에 적신 후 집으로 가져가 아버지에게 보이며 요셉이 맹수에게 먹혔다고 했습니다. 야곱은 가슴이 찢어지는 듯했습니다. 야곱이 슬퍼할 때 요셉의 형들은 아마도 억지로 눈물을 흘리기까지 했을 것입니다. 그들이 요셉을 팔아서 번 은 이십 개가 여전히 그들의 주머니 속에서 쨍그랑 소리를 내고 있는데도 말입니다.

애굽에서 요셉은 바로의 시위대장 보디발에게 팔렸습니다. 요셉은 열일곱 살이었는데, 이미 그에게는 "하나님의 신이 감동한 사람"(창세기 41:38)이라는 증거가 있었습니다. 요셉이 무엇을 하든 하나님께서는 그를 형통하게 하셨습니다. 보디발의 아내도 요셉에게 매력을 느꼈는데, 이는 다른 이유에서였습니다. 그녀는 요셉을 유혹하려고 애를 쓰다가, 어느 날 요셉이 혼자 집에 있을 때 그를 붙잡고 동침하자고 요구했으나 요셉은 자기 겉옷을 그녀의 손에 버려 두고 도망했습니다. 보디발이 집으로 돌아오자 그녀는 요셉이 자기를 욕보이려 했다고 거짓말로 고했습니다. 화가 난 보디발은 요셉을 옥에 가두었습니다.

요셉은 여러 해 동안 투옥되어 있었습니다. 형들에 의해 팔린 지 14년 후, 서른 살이 된 요셉은 바로가 꾼 생생한 꿈을 해석할 기회가 생겨서 바로 앞에 부름받았습니다. 그 꿈은 그때까지 아무도 해석하지 못했습니다. 요셉은 바로에게 "이는 내게 있는 것이 아니라. 하나님이 바로에게 평안한 대답을 하시리이다"(창세기 41:16)라고 했습니다. 하나님께서는 그 꿈의 해석을 요셉에게 보이셨고, 요셉은 바로 앞에서 그 꿈을 해석했습니다. 앞으로 7년 동안 풍년이 들고 이어서 7년 동안 기근이 있을 것이라고 말하고, 풍년이 들 동안 기근에 대비해야 한다고 했습니다. 그 결과 요셉은 애굽에서 바로 다음 가는 지위를 얻게 되었습니다. 다음 7년 동안 요셉은 이어서 들이닥칠 기근에 대비했습니다.

기근은 넓은 지역에 임했습니다. 멀리 떨어진 가나안에 살고 있던 야곱은 애굽에 곡식이 있다는 소문을 듣고 곡식을 사러 아들들을 보냈습니다. 애굽에 도착한 그들은 요셉 앞으로 인도되었습니다. 그는 이제 서른아홉 살이 되었으며, 형들에 의해 팔린 지도 대략 22년이 되었습니다.

결국 요셉은 자신이 그들의 동생임을 밝히고, "당신들이 나를 이곳에 팔았으므로 근심하지 마소서. 한탄하지 마소서. 하나님이 생명을 구원하시려고 나를 당신들 앞서 보내셨나이다.…그런즉 나를 이리로 보낸 자는 당신들이 아니요 하나님이시라"(창세기 45:5-8)고 말했습니다.

형들이 아버지 야곱이 죽으면 자기들이 이전에 요셉에게 한 몹쓸 짓 때문에 요셉이 자기들에게 보복하지나 않을까 두려워할 때, 요셉은 "당신들은 나를 해하려 하였으나, 하나님은 그것을 선으로 바꾸셨다"(창세기 50:20)고 했습니다. 그의 인생에 재앙으로 보이는 것들 너머로 요셉은 하나님의 손길을 보았고, 더 나아가 하나님의 선하심을 보았습니다.

누가 감방에 있는 요셉에게 가서 "하나님을 사랑하는 자들에게는 모든 것이 합력하여 선을 이룬다"(로마서 8:28 참조)는 말씀이 얼마나 놀라운 진리인가를 말해 보십시오. 요셉은 아마도 그 사람을 이상한 눈초리로 쳐다보았을 것입니다. 요셉이 볼 수 있는 한, 아무것도 제대로 풀린 것이 없었습니다. 그는 한창 시절의 대부분을 노예로, 그리고 짓지도 않은 죄로 인해 감옥에 갇힌 죄수로 보내야 했습니다.

그때, 요셉의 집에서는 어떠했겠습니까? 요셉의 사망 소식을 들은 후 아버지 야곱의 찢겨진 마음은 결코 아물지 않았을 것입니다. 요셉은 아마도 "당신은 우리 아버지의 그 슬픔을 선이라고 부를 수 있습니까?" 하고 반문했을지도 모릅니다. 당시 요셉은 전체 그림을 몰랐으나, 전체 그림을 알기 시작했을 때는 "하나님은 그것을 선으로 바꾸셨다"고 말할 수 있었습니다.

하나님께서는 우리에게 행하시는 어떤 것에 대해 설명을 하셔야 할 의무가 없습니다. 때때로 우리는 이생에서는 전혀 설명을 듣지 못할 수도 있습니다. 그 누구보다도 많은 고난을 겪은 구약의 인물 욥은 하나님께서 자신의 삶 가운데 무엇을 행하고 계시는지 알지 못했습니다. 비록 그가 당시에 어디에서도 하나님을 찾을 수 없다고 말하기는 했지만, 그는 "나의 가는 길을 오직 그가 아시나니, 그가 나를 단련하신 후에는 내가 정금같이 나오리라"(욥기 23:10)고 확신할 수 있었습니다. 고난이 시작되었을 때 욥은 "우리가 하나님께 복을 받았은즉 재앙도 받지 아니하겠느뇨?"(욥기 2:10)라고 아내에게 말했습니다. 하나님께서 하시는 일은 궁극적으로 선을 이룹니다.

선하다고 일컬어지는 것이 반드시 나를 위해 선한 것만은 아닙니다. 우리는 하나님의 역사를 보다 넓은 안목에서 보아야 하며, 그것을 우리 자신의 안락이나 선의 관점에서만 보아서는 안 됩니다. 하나님께서 내게 행하시는 것이 다른 사람의 선을 위한 것일 수도 있으며, 기본적으로는 하나님의 선을 위한 것입니다. 물론, 우리가 하나님과 다른 사람의 유익을 위해 살 때는, 그것이 또한 우리 자신의 유익이 되기도 합니다.

현실을 직시합시다. 하나님께 굴복한다고 해서 모든 것이 안락해지고 편해지는 것은 아닙니다. 그리스도인들이라고 해서 어려움들이 면제된 것이 아닙니다. 다만 그것들에 대비하여 무장이 되어 있을 뿐입니다. 그리스도인들은 하나님의 허락이 없이는 어떤 것도 자기를 건드리지 못한다는 것을 알기에 능히 인생을 헤쳐 나갈 수 있습니다. 그러기에 그들은 자신들의 안락이나 편안을 위해서가 아니라 하나님의 전체 목적에서 효과적이고 중요한 역할을 담당하기 위해 애쓰고 있습니다. 고난과 역경과 눈물은 이야기의 끝이 아닙니다. 하나님께서는 그것들을 통해 선하고 온전하고 기쁨을 주는 어떤 것을 이루고 계시기 때문입니다.

하나님의 뜻을 앎

나는 "어떻게 하면 제가 하나님의 뜻을 알 수 있습니까?"라는 질문을 자주 받습니다. 특히 영적으로 어린 그리스도인들로부터 자주 받습니다. 하나님의 뜻을 따르는 일에 관심이 있는 사람이면, 하나님께서는 자신의 뜻이 무엇인지 항상 명확하게 보여 주시지는 않는 것 같다는 느낌을 갖고 있을 것입니다. 당신도 그런 느낌을 가져 본 적이 있습니까? 하나님의 인도와 지도를 구하나, 별 응답이 없는 것처럼 느껴진 적은 없습니까? 그러나 하나님께서 가장 원하시는 것이 당신이 하나님의 뜻을 성취하는 것이고, 또 당신이 가장 원하는 것이 하나님의 뜻을 행하는 것이라면, 하나님의 뜻을 아는 데 마땅히 아무 어려움도 없어야 합니다. 만일 뭔가 어려움이 있다면, 이는 당신이 만든 것입니다.

우리를 향한 하나님의 구체적인 뜻은 모든 하나님의 백성들을 향한 하나님의 일반적인 뜻 안에서만 발견될 것입니다. 신약성경은 당신과 나를 향한 하나님의 뜻으로 네 가지를 말하고 있습니다. 이 구체적인 명령들에 순종할 때 우리 각 개인을 위한 하나님의 뜻을 알게 될 것입니다.

1. 거룩한 삶을 사는 것. "하나님의 뜻은 이것이니 너희의 거룩함이라. 곧 음란을 버리고 각각 거룩함과 존귀함으로 자기의 아내 취할 줄을 알고"(데살로니가전서 4:3-4). 우리는 몸과 마음을 순결하게 유지해야 합니다. 만일 이 영역에서 죄를 범했다면, 주님께 자백하여 용서받고 깨끗케 함을 받아야 합니다. 성경에 나오는 범죄 사건들 가운데 얼마나 많은 것이 육체의 욕망을 제어하지 못한 결과인지를 한번 살펴보십시오.

성적인 욕망 못지않게 식욕도 사람들을 죄로 이끕니다. 에덴 동산의 하와 이래로 많은 사람들이 식욕 때문에 문제에 빠지곤 했습니다. 예수님께서 광야에 혼자 계실 때 마귀가 가장 먼저 유혹해 온 것도 식욕과 관련된 것이었습니다.

거룩한 삶은 하나님의 뜻을 알기 위하여 필요합니다. 바울은 로마의 그리스도인들에게 "너희 몸을 하나님이 기뻐하시는 거룩한 산 제사로 드리라.…하나님의 선하시고 기뻐하시고 온전하신 뜻이 무엇인지 분별하도록 하라"(로마서 12:1-2)고 권면하였습니다. 거룩한 삶과 하나님의 뜻을 분별하는 것 사이에는 밀접한 관계가 있습니다. 요셉도 그 사실을 입증하였습니다.

2. 감사하는 것. "범사에 감사하라. 이는 그리스도 예수 안에서 너희를 향하신 하나님의 뜻이니라"(데살로니가전서 5:18). 우리는 어떤 환경에

있든지 하나님께 감사해야 합니다. 어려운 환경 너머로 하나님의 충분하심과 절대주권을 바라보아야 합니다. 하나님께서는 언제나 문제들보다 크신 분입니다. 우리를 향한 하나님의 뜻은 우리가 이 사실을 계속 기억하는 가운데 하나님이 하시는 모든 일에 대해 항상 하나님께 찬양과 감사를 드리는 것입니다.

3. 선을 행하는 것. "여러분은 인간이 세운 모든 제도에 주를 위하여 복종하시오.…선을 행함으로 어리석은 사람들의 무지한 입을 막는 것이 하나님의 뜻이기 때문입니다"(베드로전서 2:13-15, 새번역). 선을 행함으로, 심지어 억울한 처지에 있을 때에도 선을 행함으로, 우리는 하나님의 뜻을 행하게 됩니다. 요셉이 그러한 삶을 살았습니다. 보디발의 집에서 요셉은 일을 열심히 했습니다. "그 주인이 여호와께서 그와 함께하심을 보며, 또 여호와께서 그의 범사에 형통케 하심을 보았더라.…그가 요셉으로 가정 총무를 삼고 자기 소유를 다 그 손에 위임하니"(창세기 39:3-4). 그 뒤 그는 전혀 부당한 이유로 감옥에 갇혔는데, 거기서도 그는 선하고 경건한 삶을 살았기 때문에 전옥이 옥중 죄수를 다 요셉의 손에 맡겼습니다(창세기 39:22). 우리가 선한 삶을 살기 위해서는 대가를 치러야 하는 곳에서도 그러한 삶을 살 준비가 되어 있어야 합니다. 이것이 하나님의 뜻입니다.

4. 고난받는 것. "그러므로 하나님의 뜻대로 고난을 받는 자들은 또한 선을 행하는 가운데 그 영혼을 미쁘신 조물주께 부탁할지어다"(베드로전서 4:19). 모든 고난을 다 경감시켜 주는 것이 하나님의 뜻은 아닙니다. 우리를 향한 하나님의 뜻은 우리가 고난을 받는 것일 때가 있기 때문입니다. 고난을 받고 있다면 하나님의 뜻은 우리가 그것을 마지못해 견디는 것이 아니라 우리를 만드신 하나님께 우리 자신을 부탁하는 것입니다.

이 네 가지가 신약성경이 우리를 향한 하나님의 뜻이라고 구체적으로 말해 주고 있는 것입니다. 이것들은 예외 없이 우리 모두에게 적용됩니다. 우리 삶을 위한 하나님의 특정한 뜻을 알려면 하나님의 일반적인 뜻

안에서 살고 있어야 합니다. 우리는 거룩한 사람이 되어야 합니다. 우리는 감사하는 사람이 되어야 합니다. 우리는 선을 행하는 사람이 되어야 합니다. 우리는 기꺼이 고난도 받는 사람이 되어야 합니다. 우리는 언제나 틀림없이 이 네 가지 하나님의 뜻 안에서 우리 삶을 위한 하나님의 특정한 뜻을 찾아야 합니다. 우리가 하나님께서 이미 보여 주신 뜻 가운데 살 때, 하나님께서는 우리의 삶을 위한 자신의 뜻을 보여 주십니다. 하나님의 뜻은 우리에게 하시는 일종의 약속입니다. 약속에는 대개 조건이 들어 있습니다. 우리의 책임은 하나님께서 자기의 약속을 이행하실 수 있도록 조건들을 이행하는 것입니다.

예를 들어, 하나님께서는 잠언 3:6에서 다음과 같이 약속하고 계십니다:"너는 범사에 그를 인정하라. 그리하면 네 길을 지도하시리라." 여기서 하나님의 인도를 받기 위한 조건은 내가 범사에 하나님을 인정하는 것입니다. 그렇게 하면 하나님께서는 나의 길을 지도하실 것이라고 약속하여 주고 계십니다. 범사에 하나님을 인정하는 것은 나의 책임이고, 그럴 때 나의 길을 지도하시고 인도하시겠다는 약속을 지키시는 것은 하나님의 책임입니다.

또한, 우리를 인도하시는 과정에서 하나님께서는 자신이 하고 계시는 일을 우리에게 설명해 주어야 할 의무가 없으십니다. 하나님께서는 요셉이 형들의 곡식 단이 자기의 곡식 단에 절하는 꿈을 꾸었을 때 그의 미래에 대해 약간 알려 주셨습니다. 감옥 속에 있을 때에도 그는 틀림없이 그 꿈에 대해 종종 생각했을 것이며, 자기가 평생 죄수로 살기보다는 훨씬 더 중요하고 의미심장한 어떤 삶을 살게 될 것을 알았을 것입니다. 하나님께서 당신의 삶을 위한 그분의 목적을 보여 주시면, 모든 것이 뒤틀리고 불가능해 보일 때에도 당신은 하나님께서 보여 주신 것이 이루어질 것으로 계속 믿어야 합니다. 하나님께서는 애굽의 궁전에서 요셉을 원하셨고, 이를 이루기 위해 우회로를 사용하셨습니다. 그것은 감옥 문을 통하여 들어가는 것이었으며, 이 일이 일어나기 위해서는 오랫동안 갇혀 있어야 했습니다. 요셉에게와는 대조적으로, 하나님께서는 욥에게는 꿈을 통해 엄청난 고난 저편에 있는 것을 볼 수 있도록 해주지 않으셨습니다. 하나님께서는 당신과 나에게 어떤 것을 말씀해 주실 수도 있고, 그렇지 않을 수도 있습니다. 하나님께는 아무 의무가 없습니다.

매일 아침 눈을 뜰 때 우리는 그날이 주님의 손 안에 있으며, 하나님께서 선하시고 기뻐하시고 온전하신 뜻대로 행하실 것을 믿고 감사하는 가운데 하루를 주님께 맡기는 기도를 할 수 있습니다. 그날 욥의 경우처럼 비극이 우리를 덮칠지도 모릅니다. 그러나 그것이 하나님께서 모르고 계시는데 일어나는 일이 아닙니다. 그날 우리 계획들이 뒤바뀌고 요셉처럼 옥에 갇힐지도 모릅니다. 그러나 하나님께서는 목적을 가지고 계십니다. 그것은 그날 예수님처럼 '십자가에서 죽는' 것일 수도 있습니다. 예수님께서는 그날 이른 새벽 "나의 원대로 마옵시고 아버지의 원대로 하옵소서" 하고 기도하셨습니다. 당신에게 오늘 어떤 일이 일어날지라도, 그것은 당신을 위해 가장 적절한 시기에 일어난 것이며, 결국 당신은 모든 것을 이해하게 될 것입니다. 모든 것을!

우리 그리스도인들은 이토록 삶에 대해 긍정적이고 모험적인 태도를 가질 수 있다는 것이 기쁘지 않습니까? 주님께서 자신의 뜻대로 우리를 사용하실 수 있도록 기쁜 마음으로 주님께 온전히 우리 자신을 드릴 때 우리는 자신을 그리스도인이라 부를 자격이 있습니다. 우리는 주님께서 "우리를 다스리게" 해야 합니다. 당신은 그렇게 하시겠습니까? 당신은 매일 그런 삶을 살고 있습니까?

5

마음의 변화

어느 날 저녁 설교를 마치고 나오는데, 어떤 사람이 나의 설교는 마치 최신 모델의 차를 주고 그 차의 여러 가지 뛰어난 기능을 설명하고는 정작 자동차 열쇠를 주는 것은 잊어버리는 것과 같다고 했습니다. 그 말을 듣고, 나는 다시는 그렇게 하지 않기로 결심했습니다.

나는 주 예수 그리스도께서 그리스도인의 삶의 초점이라고 이미 말씀드렸습니다. 예수님은 우리가 진정 어떤 사람이 되어야 하는지를 보여주셨습니다. 오순절날 첫 설교에서 베드로는 바로 이 사실을 강조했습니다: "이스라엘 사람들아, 이 말을 들으라. 너희도 아는 바에 하나님께서 나사렛 예수로 큰 권능과 기사(奇事)와 표적(表蹟)을 너희 가운데서 베푸사 너희 앞에서 그를 증거하셨느니라"(사도행전 2:22). 하나님께서는 예수님을 통해 일하셨으며, 이것이 바로 예수님의 모든 말씀과 행동과 성품과 삶에 대한 설명입니다. 마찬가지로, 당신과 내 속에서 일하는 하나님의 역사가 우리가 살아야 할 삶의 원천입니다.

그러나, 이 모든 것이 어떻게 가능해집니까? 하나님께서는 어떻게 우리 삶 속에서 일하시게 됩니까? 오순절날 베드로의 설교를 들은 수많은 사람들의 마음속에서와 같이 당신의 마음속에도 이런 의문들이 떠올랐으리라 생각합니다. 베드로는 예수님의 삶, 죽음, 부활, 승천, 그리고 그분의 주재권에 대해 설교를 했으며, 사람들은 베드로의 말을 듣고 마음에 찔려 베드로와 다른 사도들에게 "형제들아, 우리가 어찌할꼬?" 하고 물었습니다(사도행전 2:37 참조). 베드로는 그들에게 그들이 무엇을 할 수 있다고 말하지는 않았습니다. 그는 그들이 구원을 얻을 수 있다고 말하지도 않았습니다. 단지 그는 예수 그리스도에 관한 사실만을 그들에게 선포했을 뿐입니다. 그들이 자신들이 뭔가를 해야 할 필요가 있다는 것을 깨닫게 된 것은 그들이 예수 그리스도를 알았기 때문입니다.

우리는 앞에서 죄란 "과녁을 빗맞히는 것"이라고 정의한 바 있습니다. 과녁은 "하나님의 영광"(로마서 3:23)으로서, 하나님의 형상대로 지음받은 인간이 나타내야 할 하나님의 성품입니다. 이 영광은 "하나님의 영광의 광채시요 그 본체의 형상"(히브리서 1:3)이신 예수 그리스도의 인격과 삶 속에서 볼 수 있게 되었습니다. 앞에서도 언급하였듯이, 베드로가 흠 없고 완전하신 분이신 예수님에 대해 이야기할 때 사람들은 그들 자신의 필요를 깨닫게 되었습니다.

예수 그리스도를 알게 될 때 비로소 우리는 자신의 필요를 깨달을 수 있습니다. 예수 그리스도의 삶 속에서 하나님의 영광을 볼 때라야 비로소 우리는 올바른 시야에서 자신의 필요를 보게 되며, 또 우리가 "하나님의 영광에 이르지 못하였다"는 것을 깨닫게 됩니다. 베드로는 그리스도께서 "자기의 영광과 덕으로써" 우리를 부르셨다고 증거했습니다(베드로후서 1:3). 다른 말로 하면, 그리스도의 완전한 영광과 덕, 그리스도의 완전한 삶이 베드로로 하여금 그리스도께 매력을 느끼게 하여 베드로를 그리스도께 이끌었다는 것입니다. 이것이 우리가 그리스도를, 즉 그의 삶과 인격과 활동을 전파해야 하는 이유입니다. 사람들이 그분을 볼 때 비로소 그들은 참된 빛 가운데서 자신들을 보게 되며, 자신들의 죄와 필요를 진정으로 깨닫게 되기 때문입니다. 법에 대한 설교를 듣고 자기의 죄를 깨닫는 사람은 거의 없습니다. 사람들은 그리스도에 대한 설교를 듣고 자신들의 죄를 깨닫게 됩니다. 그리스도를 바라보게 되면 그와 반대로 자신들의 죄를 보게 되는 것입니다.

 TV 광고에서 한 사람이 "보통" 세제로 세탁한 하얀 셔츠를 입고 나타났습니다. 그는 새로 세탁한 셔츠를 자신 있게 내보이며 여유 있는 미소를 지어 보였습니다. 다음에 두 번째 사람이 그 광고에서 선전하고자 하는 특별한 세제로 세탁한 셔츠를 입고 나타났습니다. 그의 셔츠는 눈이 부실 정도로 하얀 색깔을 하고 있었는데, 그도 여유와 자신감이 있어 보였습니다. 그가 걸어 나와 "보통" 세제로 세탁한 옷을 입은 사람 곁에 서자, 처음에 나왔던 그 사람은 고개를 숙이기 시작했습니다. 그들이 같이 서 있는 것을 보니 보통 세제로 세탁한 옷은 거의 회색에 가까웠습니다. 그의 옷이 회색에 가깝다는 사실은 두 번째 사람의 셔츠가 눈부실 정도로 하얗기 때문에 드러나게 되는 것입니다. 만약 당신이 두 번째 사람이 나오기 전에 첫 번째 사람에게 "당신 셔츠는 더럽군요"라고 한다면, 아마 대단히 기분 나빠하며, 그 옷은 당일 날 아침에 세탁한 것이라고 힘주어 말할지도 모릅니다. 그러나 "특별한" 세제로 세탁한 셔츠를 입은 사람 곁에 서 있을 때는 그는 얼굴을 붉히며 자기 셔츠가 더러운 것을 시인할 것입니다.

 사람들에게 복음에 대해 이야기할 때는 언제나 그들의 죄를 인식시키는 것으로부터 시작해야 한다고 주장하는 이들이 있습니다. 그들의 근본 문제는 죄이기 때문에, 그들이 죄를 직시하고 그 죄 문제를 다루려고 할 때까지는 다른 어떤 것도 꺼내서는 안 된다는 것입니다. 물론 죄가 우리의 근본 문제이며, 반드시 그것을 직시하고 다루어야 한다는 것은 옳은 말입니다. 그러나, 사람들에게 나아가, "당신은 자신이 더럽고 추악하고 끔찍하고 형편없는 죄인이라는 것을 알고 있습니까?"라고 물으며 상대방을 정죄하는 투로 접근한다면, 아마 대화는 더 이상 나아가지 못하고 막혀 버릴 것입니다.

반면에, 나는 사람들을 예수님께 드러나게 했을 때 자신의 더럽고 죄악 된 모습을 깨닫고 자신이 죄인임을 고백하는 것을 발견했습니다. 예수님의 인격, 예수님의 삶, 예수님의 사역을 이야기함으로 예수님께서 어떻게 사셨으며, 왜 그렇게 사셨는지를 알게 하면, 사람들은 얼마 있지 않아 자신의 참모습을 보게 되고 자신이 죄인임을 시인하지 않을 수 없게 됩니다. 그리스도의 "눈부실 정도로 하얀" 삶을 보게 되면, 사람들은 자신의 삶이 "회색"임을 깨닫게 되는 것입니다.

어느 학교를 방문하여 학생들에게 1시간 20분 가량 말씀을 전한 적이 있었습니다. 나는 그들에게 "그리스도는 누구십니까?"라는 질문을 던지고 몇 가지 선택 가능한 답변을 제시하였습니다. 그리고 나서 나는 예수님의 삶에 대해 이야기하였습니다. 예수님께서 사람들을 어떻게 대하시며 다루셨는지, 어떻게 병자들을 고치시며 소외된 사람들을 보살펴 주셨는지를 말해 주었습니다. 그리고 예수님께서 결박되어 심문당하시고 마침내는 십자가에 못박히시고 부활하신 이유들을 설명하였습니다. 우리는 부활의 증거에 대해서도 이야기하였고, 그리스도께서 부활하셔서 지금도 살아 계신다는 사실이 함축하고 있는 의미에 대해서도 이야기를 나누었습니다.

이야기를 마치고 점심 시간이 되었는데, 한 학생이 나를 구내 식당으로 초대했습니다. 내가 구내 식당으로 들어갈 때 여학생 두 명이 함께 앉아 있는 것이 보였는데, 한 학생이 눈물을 흘리고 있었습니다. 나를 보더니 다른 여학생이 "목사님께서 제 친구를 울리셨어요"라고 말하는 것이었습니다.

　무엇이 그 학생의 마음을 상하게 했는지 물어 보았습니다. 그 학생은 흐느끼면서 "목사님은 왜 우리 모두가 자신을 아주 추하게 느끼게 만드세요? 목사님은 왜 모든 사람이 얼마나 나쁜지에 대해 계속 이야기하셨어요?" 하고 말했습니다.

　나는 학생들에게 누가 얼마나 나쁜지에 대해 말한 기억도, "추하다"는 말을 한 기억도, 모인 학생들 가운데 누구에 대해 언급한 기억도 없다고 그 학생에게 말했습니다. 나는 단지 예수 그리스도가 얼마나 선하고 인자하신 분이신지에 대해 이야기했었노라고 했습니다. 나는 왜 그 학생이 그런 말을 하는지 알게 되었습니다. 내가 학생들 앞에서 말씀을 전할 때, 성령께서 그 학생에게 그리스도가 진정으로 누구신지를 깨닫게 해주셨고, 그분에 대해 알아 감에 따라 그 학생은 점점 자신에 대해 마음이 불편해지기 시작했던 것입니다. 예수님과 비교하여 그 학생은 자신의 죄를 깨닫게 되었습니다. 이것이 곧, 우리가 도저히 미칠 수 없는 수준의 삶을 사신 주 예수 그리스도께 초점을 맞추게 하셔서 우리 죄를 깨닫게 하시는 성령의 사역인 것입니다.

　내가 그들의 죄를 정죄하였다면, 그들은 아마도 반항하고 자신들을 방어하며 분개하였을지도 모릅니다. 성령께서 우리 죄를 드러내시는 것은, 우리로 하여금 그 죄를 다루며 거부하고 용서받도록 하기 위한 것입니다. "죄에 대하여 책망하는 것"(요한복음 16:8 참조)은 성령께서 하시는 일입니다. 어떤 사람으로 하여금 자기의 죄를 깨닫게 하는 것은 성령의 일입니다. 우리가 해야 할 일은 그리스도를 전파하여 사람들로 하여금 그리스도를 보도록 해주는 것입니다. 성령께서 죄를 드러내실 때 그것은 우리를 정죄하거나 창피하게 하기 위함이 아니요, 우리로 새로운 삶을 살 수 있도록 우리를 깨끗케 하고 준비시키기 위한 전주곡입니다.

　오순절날 큰 무리의 사람들이 "우리가 어찌할꼬?" 하고 묻자 베드로는 그들에게 분명하게 답변했습니다: "너희가 회개하여 각각 예수 그리스도의 이름으로 세례를 받고 죄 사함을 얻으라. 그리하면 성령을 선물로 받으리니"(사도행전 2:38).

되돌아섬

베드로가 사람들에게 한 첫마디가 "너희가 회개하라"였습니다. 이것은 새삼스럽게 놀랄 일은 아닙니다. 세례 요한의 첫마디도 "회개하라"였습니다. "그때에 세례 요한이 이르러 유대 광야에서 전파하여 가로되, '회개하라. 천국이 가까웠느니라' 하였으니"(마태복음 3:1-2). 얼마 후 공생애를 시작하신 예수님의 입술에서 흘러나온 첫마디도 마찬가지였습니다: "회개하라. 천국이 가까웠느니라"(마태복음 4:17). 교회가 태어나던 오순절날 베드로가 "우리가 어찌할꼬?" 하고 묻는 사람들에게 대답으로 한 말이 바로 이 "회개하라"였습니다. 후에, 바울은 아덴에서 설교할 때 "알지 못하던 시대에는 하나님이 허물치 아니하셨거니와 이제는 어디든지 사람을 다 명하사 '회개하라' 하셨으니"(사도행전 17:30)라고 했습니다. 회개하라는 것은 어디에 있는 사람이든 모든 사람에게 하신 하나님의 명령입니다. 이로 보건대, 회개하는 것을 피한다든지 회개하라는 명령을 적당히 타협해서 받아들인다는 것은 있을 수 없는 일입니다. 그러한 시도는 무엇이든지 하나님의 역사를 방해하며 하나님의 축복을 맛보지 못하게 할 것입니다.

나는 영적인 삶이 활기가 없는 사람들을 상담해 줄 때 회개에 대하여 이야기하는 것이 도움이 되는 경우가 많다는 것을 알게 되었습니다.

스코틀랜드에서 가진 어느 집회 후에 20대 초반의 젊은 여성이 나를 만나러 왔습니다. 그녀는 그리스도인이 된 지 2년이 되었고, 생동감 있는 신앙 생활을 갈망해 왔지만 그렇게 되지 않았다고 했습니다. 교회에 가 보면 다른 사람들은 모두 열정적인 것 같은데 자기는 그렇게 되지 않더라는 것이었습니다. 성경을 읽으려고도 했지만 별로 얻는 게 없었습니다.

기도를 하면 마치 천장에 부딪혔다가 떨어지는 것 같았습니다. 그녀는 혹시 자신이 "선택"받지 못한 것은 아닌지, 또는 내가 과연 그녀의 문제를 해결해 줄 수 있을지 의심하고 있었습니다. 스스로 의심하고 있듯이 그녀가 정말로 "선택"받지 못했다면, 모든 게 제대로 안 되는 것이 당연할 것입니다. 나는 우리와 하나님의 관계에 문제가 있는 것처럼 보일 때는 그것이 결코 하나님 쪽의 문제는 아니며 언제나 우리 쪽의 문제임을 설명해 주었습니다. 나는 그녀에게 자신에 대해 간단히 설명해 달라고 했습니다. 그녀는 기독교 가정에서 자랐으며, 18세 때 집을 떠났다고 했습니다. 그때까지 그녀는 그리스도인이 아니었으며 그리스도인이 되고자 하는 마음도 없었고, 자신이 받은 가정 교육과 교회 교육에 대해 매우 원망을 느끼고 있었습니다.

집을 떠나 온 그녀는 어떤 단체에 가입하여 거기서 2년 동안 몸담았습니다. 처음에는 즐거웠으며, 최초로 삶에서 자유를 느꼈습니다. 아무도 자기들의 생활 방식을 그녀에게 강요하지 않았으며, 그녀는 자기가 원하는 대로 살 수 있었습니다. 그러나 그것도 잠시뿐 즐거움은 점차 시들어 가고, 그녀는 자기가 별로 좋아하지도 않는 것들의 노예가 되어 가고 있음을 알았습니다.

2년이 지난 후 병원에 입원하는 것으로 그런 생활은 막을 내렸습니다. 그녀는 왜 입원을 하게 되었는지는 말해 주지 않았지만, 그곳에서 머무르는 동안 자기가 어디로 가고 있으며 무엇을 하고 있는지 등등 자기 삶에 대해 진지하게 생각하기 시작했습니다. 그녀는 가족들이 그리워지기 시작했습니다. 집에 남아 있는 식구들은 진정으로 뭔가를 가지고 있었으나, 그녀가 그 당시 대부분의 시간을 함께 보내고 있는 사람들은 그녀 자신만큼이나 천박하게 보였습니다. "병원의 병상에 누워서 저는 그리스도인의 삶이 결국은 올바른 것이라는 결론을 내렸고, 그래서 그리스도인이 되기로 결심했습니다. 그리고 퇴원을 하면 부모님께로 돌아가서 처음부터 다시 시작하기로 마음먹었습니다"라고 그녀는 말했습니다.

그녀는 그리스도를 자기의 구주로 영접하는 기도를 했고, 집으로 돌아왔습니다. 그러나 그녀의 영적인 삶은 결코 생동적이지 못했습니다. 그녀는 "그런즉 누구든지 그리스도 안에 있으면 새로운 피조물이라. 이전 것은 지나갔으니, 보라 새 것이 되었도다"라는 고린도후서 5:17 말씀을 믿지 않는다고 했습니다. 자신에 관한 한 이전 것이 지나간 것이 별로 많지 않았으며, 새 것이 된 것도 별로 많이 생각해 낼 수 없었고, 결국 "새로운 피조물"이 되었다고 하나 별 차이가 없다는 것이었습니다!

이 말을 듣고, 또 그녀의 삶에서 하나님께서 역사하고 계신다는 증거를 찾아볼 수도 없어, 나는 그녀가 진정한 회개를 하지 않았기 때문에 진정으로 거듭나지 않은 것 같다고 말했습니다. 나는 그녀가 집으로 돌아온 동기가 애초에 집을 떠난 동기와 같다는 것을 지적했습니다. 그녀는 만족과 자유와 행복을 원했는데, 이 모든 것은 그녀 자신, 곧 그녀의 욕망이 중심이 되어 있었습니다.

"하지만, 저는 그리스도를 제 마음에 모셔들이는 기도를 했고, 진정으로 그리스도께서 제 마음에 들어오시기를 원했습니다"라고 그녀는 반박했습니다.

나는 그녀가 진정으로 그것을 원했다고 확신합니다. 그러나 그것을 원하는 동기는 옳지 않았습니다. 그녀는 그리스도께서 자기의 종이 되기를 원하고 있었습니다. 나는 그녀에게, 그리스도께서는 진정한 결단도 없이 단지 영접 기도를 했다고 해서 그녀의 마음에 들어오시는 것이 아님을 설명해 주었습니다. 그리스도께서 들어오시지 못하게 막는 장벽이 되고 있는 것들을 먼저 다루어야만 했습니다. 나는 그 장벽이란 우리의 죄요, 자기 만족이요, 독립적인 기질이라는 것을 성경 말씀을 통해 그녀에게 보여 주었습니다.

"글쎄요. 전 그것이 저의 문제라고 생각지 않아요. 전 간절한 마음으로 그리스도를 영접했어요"라고 그녀는 말했습니다.

그때까지 대화는 1시간 이상 계속되었고, 나는 그녀의 문제를 알 것

같았습니다. "자매님은 간절할 것입니다"라고 나는 인정을 해주었습니다. "그러나, 자매님은 무엇을 간절히 원합니까? 하나님입니까? 아니면 자기 만족입니까? 자매님은 하나님의 요구를 만족시켜 드리는 데 관심이 있다는 증거가 엿보이지 않습니다. 또 자매님은 하나님께서 자매님을 기쁘게 해주시길 원하면서도 하나님을 기쁘시게 해드리는 데에는 그만한 관심이 없는 것 같습니다. 자매님의 문제는 분명한 것 같습니다. 자매님은 하나님께 대해 독립적인 것과 자신의 죄에 대해 결코 회개하지 않았습니다."

"전 회개했습니다. 책임을 다하지 않고 있는 쪽은 하나님이십니다" 하고 그녀는 주장했습니다.

나는 하나님의 온전하심과 신실하심에 대해 의심하거나 부인하는 사람들에게는 동정심을 갖기가 힘듭니다. 왜냐하면 하나님은 결코 흠이 없는 분이시기 때문입니다. 그녀와의 대화가 진행될수록 그녀의 문제는 보다 더 분명해졌고, 구체적인 증거들을 통해 나는 그녀를 정면으로 바라보며 "자매님은 결코 회개하지 않았습니다. 그리고 진정으로 회개를 할 때까지는 하나님과 생동감 있는 관계를 맺지 못할 것입니다"라고 말할 수 있는 정도로 확신을 갖게 되었습니다. 이처럼 그녀에게 직설적으로 말하는 것이 쉽지는 않았지만, 나는 은혜롭고 온유하게 말하기 위해 노력했습니다.

이 말에 그녀는 갑자기 벌떡 일어났습니다. "목사님께서 제게 계속 그런 식으로 말씀하신다면 전 더 이상 이 자리에 앉아 있지 않겠어요!"라고 말하고는 재빨리 문쪽으로 걸어가더니 인사도 않고 그 방을 나가 버렸습니다.

그 교회의 목사는 그 건물 내에서 그때까지 나를 기다리고 있었습니다. 나는 우리가 나눈 대화 내용, 그리고 어떻게 그녀가 화를 내며 떠나갔는지를 설명했습니다. 그는 나의 판단이 옳다고 확신하지는 않았지만, 자신도 이전에 그녀를 몇 차례에 걸쳐 오랫동안 대화를 나누며 상담을 하였지만, 그녀를 도울 수 없었던 터였습니다.

다음날 저녁 내가 설교를 하기 위해 단에 섰을 때 뒷쪽에 그 자매가 앉아 있는 것이 보였습니다. 예배가 끝나자 그녀는 다시 나와 대화하기 위해 왔습니다. 나는 그녀에게 할 말은 전날에 다 했다고 생각되어 다른 사람을 소개해 주었습니다. 약 30분 가량 지났을 때 그 두 사람이 내게로 왔습니다. 그 자매는 죽 울었다는 것을 알 수 있었습니다. "오늘 저녁에 저는 회개했습니다"라고 그녀가 말했습니다. 그녀는 전날 저녁에 내게 극도의 분노를 느끼며 집으로 갔었노라고 했습니다. 그러나 그녀의 마음 깊숙한 곳에서는 자기의 실상이 드러났다는 것을 알고 있었습니다. 그녀는 밤새도록 잠을 이루지 못했으며, "자매는 결코 회개하지 않았습니다"라는 말만 자꾸 생각이 났습니다. 다음날 아침 기차로 출근하는데 철로 위를 기차가 달릴 때 규칙적으로 들려오는 덜커덩 소리가 마치 "자매는 결코 회개하지 않았습니다"라고 말하는 것처럼 들렸습니다. 하루 종일 번민 가운데 있다가 드디어 저녁에 그녀는 주님께, 자신의 이기심을 버리겠으며 주님께서 그녀의 속에서 주님의 목적을 위해 주님 자신의 삶을 사실 수 있는 자유를 드리겠다고 말씀드렸던 것입니다.

그녀는 "누구든지 나를 위하여 제 목숨을 잃으면 찾으리라"(마태복음 16:25)는 말씀이 진리임을 깨닫게 되었습니다. 그녀는 자기 자신을 주님께 드림으로써 비로소 그녀가 그토록 열망했던 만족, 목적, 의미를 찾게 된 것입니다. "잃으면 찾으리라!"

그 후에도 나는 몇 차례 그녀를 본 적이 있고, 그녀는 종종 편지를 보내 오기도 했습니다. 최근에 들은 소식에 의하면 그녀는 어느 미션 스쿨에서 교사로 봉사하기 위해 동남아시아로 갔다고 합니다.

우리 모두는 자기가 원하는 것만큼 하나님께 가까이 있습니다. 종종 우리는 더 가까워지고 싶다고 느끼기도 하지만, 결코 이에 필요한 조건을 충족시키거나 값을 치르지는 않습니다. 회개는 하나님께서 우리 삶 가운데서 역사하실 수 있도록 해드리는 것입니다. 그러면 회개의 정확한 의미는 무엇입니까?

마음의 변화

"회개"로 번역된 헬라어는 *metanoeo*인데, 이 단어는 "변화시키다"라는 의미의 *meta*와 "마음"이라는 의미의 *nous*에서 파생되었습니다. 간단히 말해서, 회개란 "마음의 변화"를 의미합니다. 그것은 감정의 변화가 아니라, 마음의 태도 및 사고 과정의 변화입니다. 이것이 우리 삶에서 하나님께서 역사하시도록 해드리는 열쇠입니다. "너희는 이 세대를 본받지 말고 오직 마음을 새롭게 함으로 변화를 받으라"(로마서 12:2 참조)고 바울은 권면합니다. 솔로몬은 사람의 마음에 대해 "대저 그 마음의 생각이 어떠하면 그 위인도 그러하다"(잠언 23:7)고 했습니다. 우리가 어떠한 사람인지는 우리가 자신을 어떠하다고 생각하고 있느냐가 아니라, 우리가 어떠한 것을 생각하고 있느냐에 의해 결정됩니다. 우리의 됨됨이는 우리가 하는 생각의 결과입니다. 회개는 생각의 변화입니다. 회개는 단지 나의 죄에 대해 나쁘게 느끼거나 하나님에 대하여 좋게 느끼는 것이 아니라, 그 둘에 대한 나의 생각을 바꾸는 것입니다.

나는 눈물이 회개의 믿을 만한 증거가 되지는 않는다는 것을 알고 있습니다. 자신의 삶, 죄, 실패에 대해 눈물을 흘리면서도 그것들에 대한 자기의 생각은 바꾸지 않는 사람들을 만난 적이 있습니다. 결과적으로 그들은 고뇌에도 불구하고 아무것도 변하지 않았습니다.

죄는 좋아 보이고, 좋게 들리고, 좋게 느껴집니다. 사실 유혹은 매력적인 데가 있습니다. 매력적이지 않다면 유혹이 아닐 것입니다. 내가 죄를 싫어한다면 죄와 관련해 문제가 없을 것입니다. 나의 문제는 내가 죄를 좋아하고 있다는 사실에 근거하고 있습니다. 내가 죄를 범하는 유일한 이유는, 내가 그것을 즐기거나, 그것이 어떤 상황에서 벗어날 수 있는 좋은 길을 제공한다고 믿기 때문입니다. 때가 되면 그 죄에 대해 후회하거나 슬퍼할 수도 있지만, 내가 범한 모든 죄는 범할 그 당시에는 좋아 보였고 좋게 느껴졌기 때문에 범한 것입니다. 그것은 내가 원했기 때문에 범했습니다. 그러므로 회개를 위해서 나는 하나님의 능력을 의지해야 할 필요가 있습니다.

회개는 죄에 대한 감정이나 느낌의 변화가 아닙니다. 죄는 여전히 매력적으로 느껴질 것입니다. 회개는 마음의 변화입니다. 어떤 사람이 자기의 죄에 대해 눈물을 흘리면서도 죄에 대한 마음을 바꾸지 않는다면 그는 회개하지는 않은 것입니다. 한편, 눈물은 흘리지 않았지만 죄에 대한 마음은 바꿀 수 있습니다. 그런 사람은 회개를 했습니다.

어느 대학에서 일주일간 열린 전도 집회에 강사로 초청을 받아서 간 적이 있습니다. 그 집회는 어느 기독교 단체의 후원으로 열렸습니다. 거기서 나는 한 학생과 이야기를 나누게 되었습니다. 우리는 저녁 늦게까지 함께 대화를 나누었는데, 그는 복음에 대해 마음이 열려 있고 관심도 있어 보였습니다. 헤어지기 전에 나는 그리스도인이 되는 데는 치러야 할 대가가 있으며, 결단을 내리기 전에 정직하게 그 문제를 다루어야 할 필요가 있다는 것을 설명해 주었습니다. 다음날 저녁, 나는 그가 참석했기를 바랐으나 그의 모습은 보이지 않았습니다. 그러나 그 다음날 저녁 집회에는 그가 일찍 도착하여 내게 와서는, 내가 말해 준 것들에 대해 깊이 생각해 보았는데 자기의 모든 삶을 기꺼이 예수님께 굴복시키며 맡기고자 하는 마음이 자기에게는 없다는 생각이 들었다고 했습니다. 그래서 자기는 그리스도인이 될 수 없다는 결론을 내렸다는 것이었습니다. 나는 그가 솔직하고 또 그리스도인이 되는 데 따르는 것들을 현실적인 관점에서 깊이 생각해 본 데 대해 감사를 표하고, 다시 한 번 그와 대화를 나누고 싶다고 덧붙였습니다. 우리는 내가 그날 저녁 늦게 그의 방으로 찾아가기로 약속했습니다.

커피를 들면서 나는 그의 솔직한 태도와, 그리고 그리스도인이 되는 데 따른 대가를 현실적으로 고려해 본 그의 태도를 칭찬하였습니다. 그러면서 그가 그리스도인이 되지 않는 데 따르는 대가에 대해서도 현실적으로 따져 보기를 원했습니다. 우리는 밤 늦게까지 이야기를 나누었으며,

자정이 훨씬 지난 어느 무렵 그는 "좋습니다. 목사님의 말씀이 사실이라면 전 사실상 선택의 여지가 별로 없지 않겠습니까? 전 그리스도인이 되겠습니다"라고 했습니다. 그것은 아주 현실적이고 냉철한 결단이었습니다. 우리는 함께 기도했습니다. 그는 지금부터 자기 삶을 하나님께 넘겨드리겠다고 기도했습니다. 나는 그의 결단이 얼마나 진실한지에 대해서는 확실히 알 수 없었습니다. 그것은 너무도 감정이 없는 것 같고 너무도 이성적인 것 같았습니다. 그러나 그날 밤 그 학생은 자기의 마음을 바꾸었습니다. 그는 하나님께 대한 자기의 마음을 바꾸었으며, 하나님께 자기 삶에서 하나님이 되실 수 있는 권리를 내드렸습니다. 그는 자기 자신에 대한 자신의 마음을 바꾸었으며, 그가 마땅히 살아야 할 삶을 자기는 살아갈 능력이 없음을 인정하고서 자기 속에 계신 그리스도를 의지하기 시작했습니다. 그는 자기의 죄에 대한 마음을 바꾸었고, 그 죄를 그리스도께 고백하였으며, 십자가에서 그의 죄를 담당하신 예수님께 감사드렸습니다. 거기에 감정은 거의 수반되지 않은듯 보였지만, 태도의 변화가 있었습니다.

이듬해 그는 그 모임을 후원했던 기독교 단체의 그 대학 책임자로 뽑혔습니다. 얼마 후면 그는 성서대학을 졸업하고 전임 사역자가 되어 복음을 전하는 일에 힘쓰게 될 것입니다. 내가 아는 한, 그는 자기 죄에 대해 눈물을 흘리는 등의 감정적인 반응을 나타내지는 않았으나, 그것에 대한 자기의 마음을 바꾸었습니다. 그것이 바로 회개입니다.

마음의 변화는 행동의 변화로 이어져야 합니다. 행동의 변화가 없다면 마음의 변화가 없었던 것입니다. 우리의 행동은 우리가 무엇을 생각하고 있는지를 드러냅니다. 세례 요한이 와서 회개를 전파할 때, 마음의 변화에 수반되어야 할 것으로 몇 가지를 언급한 적이 있습니다.

1. "자기들의 죄를 자복하고 요단 강에서 그에게 세례를 받더니"(마태복음 3:6). 죄를 자복하는 것에는 자기가 지은 죄의 이름을 말하며, 그것이 죄임을 인정하며, 다시는 그 죄를 짓지 않기 위해 구체적인 조치를 취

하는 것이 포함됩니다. 회개가 하나님과 나 자신, 그리고 죄에 대한 일반적인 마음의 태도의 변화이긴 하지만, 구체적으로 적용이 되어야만 합니다. 우리의 죄를 직시해야 합니다. 거짓말을 한다면 왜 거짓말을 합니까? 무엇을 숨기고자 합니까? 어떤 영역에서 당신은 진실을 직시하기를 두려워합니까? 야고보는 "너희 죄를 고하라"(야고보서 5:16 참조)고 권면합니다. 죄를 찾아내어 자백하지 않으면 육체적, 정신적, 영적 장애를 초래합니다. 자백은 용서를 받기 위해서도 필요하지만, 그 자체가 치료 효과도 있습니다.

2. "회개에 합당한 열매를 맺으라"(누가복음 3:8). 회개는 반드시 변화된 행동 양식으로 나타나야 합니다. 세례 요한은 이 점에 대해 구체적으로 말했습니다. 세 그룹의 사람들이 그에게 어떻게 회개에 합당한 열매를 맺을 수 있는지 물었습니다. 무리와 세리들과 군병들이었습니다. 요한은 회개가 표현되어야 할 영역으로 대인 관계와 직장 생활과 돈, 이렇게 세 가지를 언급했습니다.

(1) 대인 관계
"무리가 물어 가로되, '그러하면 우리가 무엇을 하리이까?' 대답하여 가로되, '옷 두 벌 있는 자는 옷 없는 자에게 나눠 줄 것이요, 먹을 것이 있는 자도 그렇게 할 것이니라' 하고"(누가복음 3:10-11). 하나님께 대한 우리의 진정한 태도는 다른 사람에 대한 우리의 태도에서 드러납니다. 성경은 심판 날에 그들의 믿음이 아니라 그들의 행동에 대해 심문받는 사람들에 대해 언급하고 있습니다. 그 행동은 항상 다른 사람들, 특히 그들보다 사회적으로 못한 사람들에 대한 것입니다. 그러한 선행들은 구원의 조건이 아니라, 구원의 결과입니다. 구원받았다는 것은 삶의 변화로 표현됩니다.

마태복음 25장의 양과 염소의 비유에서, 양들이 창세로부터 그들을 위하여 예비된 나라(34절)를 상속하게 되는 것은 그들의 선행에 근거

하고 있습니다:"내가 주릴 때에 너희가 먹을 것을 주었고, 목마를 때에 마시게 하였고, 나그네 되었을 때 영접하였고, 벗었을 때에 옷을 입혔고, 병들었을 때에 돌아보았고, 옥에 갇혔을 때에 와서 보았느니라"(마태복음 25:35-36).

임금은 염소들에게는 위와 정반대되는 말을 합니다:"저주를 받은 자들아, 나를 떠나 마귀와 그 사자들을 위하여 예비된 영영한 불에 들어가라. 내가 주릴 때에 너희가 먹을 것을 주지 아니하였고, 목마를 때에 마시게 하지 아니하였고, 나그네 되었을 때 영접하지 아니하였고, 벗었을 때에 옷 입히지 아니하였고, 병들었을 때와 옥에 갇혔을 때에 돌아보지 아니하였느니라"(마태복음 25:41-43). 예수 그리스도께 대한 우리의 진정한 태도는 다른 사람들에 대한 우리의 태도에서 나타나며, 우리의 회개의 진실성도 거기에서 드러납니다.

사람들이 자신들이 그리스도인임을 어떻게 확신할 수 있는지 물어오면 나는 그들의 행동 양식에서 그 진정한 증거를 찾아볼 수 있을 것이라고 대답합니다. 요한일서와 야고보서에서 이 사실에 대해서 중점적으로 다루고 있습니다. 다른 사람들에 대한 진정한 사랑의 관심은 그리스도인의 삶에 첨가된 어떤 것이 아니라, 우리 안에 계신 예수 그리스도의 생명의 기본적인 표현입니다.

(2) 직장 생활

"세리들도 세례를 받고자 하여 와서 가로되, '선생이여, 우리는 무엇을 하리이까?' 하매, 가로되, '정한 세 외에는 늑징치 말라' 하고"(누가복음 3:12-13). 회개의 증거는 직장 생활에서의 정직과 온전성입니다. 세금을 거두는 일은 악용의 소지가 많았습니다. 세리들은 세금 내는 사람들을 착취할 수가 있었고, 대개 그렇게 했습니다. 착취하기가 너무나 쉬웠기 때문에 사람들은 으레 그렇게 할 줄로 알 정도였습니다.

예수님께서 삭개오라는 한 세리를 다루실 때 삭개오가 나타낸 첫 반응은 "주여, 보시옵소서! 내 소유의 절반을 가난한 자들에게 주겠사오며, 만일 뉘 것을 토색한 일이 있으면 사 배나 갚겠나이다"(누가복음 19:8)였습니다. 예수님께서 "오늘 구원이 이 집에 이르렀다"(9절)고 하신 것이 조금도 이상하지 않습니다. 삭개오의 구원의 증거는 그의 변화된 태도였습니다.

직장에서 그리스도인은 가장 믿을 수 있는 사람이 되어야 합니다. 바울은 로마 제국에 많이 있던 종들에게 상전들을 섬기되 "단 마음으로 섬기기를 주께 하듯 하고 사람들에게 하듯 하지 말라"(에베소서 6:7)고 권면했습니다. 이 말은 노예 제도를 지지한다는 뜻이 아니라, 노예의 위치에 있는 그리스도인이 어떻게 행동해야 하는지를 가르친 것입니다.

(3) 돈

"군병들도 물어 가로되, '우리는 무엇을 하리이까?' 하매, 가로되 '사람에게 강포(强暴)하지 말며 무소(誣訴)하지 말고 받는 요(料)를 족한 줄로 알라' 하니라"(누가복음 3:14). 남의 것을 강제로 빼앗거나 속여 빼앗지 말고 너희 봉급으로 만족하라는 것입니다. 앞에서 이야기한 두 가지, 즉 사람들을 대하는 면과 직업상의 정직에 대해 다시 언급되어 있습니다. 그리고 요한은 돈과 재물에 대한 교훈을 덧붙입니다. 회개한 사람은 돈과 재물에 대하여 새로운 시야를 갖게 됩니다. 바울은 디모데에게 "돈을 사랑함이 일만 악의 뿌리가 되나니…오직 너 하나님의 사람아, 이것들을 피하고…"(디모데전서 6:10-11)라고 권면합니다. 돈은 매우 쓸모 있는 종인 반면, 흉악한 주인이기도 합니다.

젊은 부자 관원은 자기 돈을 포기하기를 원치 않았던 까닭에 예수님을 따를 수 없었으며, 예수님께서는 이 젊은 부자 관원과의 대화에 어리둥절해하는 제자들에게 "재물이 있는 자는 하나님의 나라에 들어가기가 심히 어렵도다"(마가복음 10:23)라고 하셨습니다.

하나님께서 계획하신 모든 것을 행하는 데 필요한 모든 것을 하나님께서 공급해 주실 것을 알면 큰 만족을 느끼게 되며, 회개한 사람은 만족하는 법을 배우게 됩니다. 하나님의 공급과 우리의 만족 등에 대해서 성경이 가르치고 있는 바를 살펴보려면 따로 한 장 전체를 할애할 수도 있을 것입니다. 여기서는 다만 회개한 자는 만족할 줄 아는 자라는 사실만을 지적하고 넘어가도록 하겠습니다.

여기서 다룬 것은 회개의 열매 중 일부에 지나지 않습니다. 하나님께서 관심을 기울이시는 것은 회개로 말미암은 행동입니다. 예수님께서 이 세상에 오신 것은 단지 우리로 바른 믿음과 바른 교리를 갖도록 하려는 것만이 아니라, 바른 믿음의 토대 위에서 하나님을 기쁘시게 하는 생활 양식을 계발하도록 하기 위함입니다. 믿음은 단지 목표에 이르는 수단입니다. 믿음은 시작에 불과합니다. 목표는 우리의 삶입니다. 마음의 변화는 반드시 삶의 변화를 가져와야 합니다. 그렇지 않으면 그것은 거짓으로 드러날 것이며, 심판 날에 "나무나 풀이나 짚"(고린도전서 3:12) 가운데 있게 되어 타버릴 것입니다.

6

용서와 하나님의 공의

스코틀랜드의 한 정신병원 원장이 자신이 알아낸 놀라운 사실을 이야기하는 것을 라디오에서 들은 적이 있습니다. "우리 병원의 환자들이 용서를 받았다는 확신을 가질 수만 있다면, 절반 가량은 내일 퇴원해도 될 것입니다." 많은 정신질환자는 죄 문제를 제대로 다루지 않았기 때문에 환자가 되었습니다. 원장은 그런 환자가 전체 환자의 50%는 된다고 하였습니다.

어쨌든 죄는 다분히 파괴적인 까닭에 우리는 그것을 다루는 법을 배우지 않으면 안 됩니다. 시편 기자인 다윗은 자기의 죄가 미치는 영향을 이렇게 말했습니다: "내가 토설치 아니할 때에 종일 신음하므로 내 뼈가 쇠

하였도다. 주의 손이 주야로 나를 누르시오니 내 진액이 화하여 여름 가물에 마름같이 되었나이다"(시편 32:3-4). 죄는 무겁게 짓누릅니다. 피곤하게 합니다. 신음하게 합니다. 그러면 우리는 이 죄 문제를 어떻게 다룰 수 있습니까?

 죄 문제를 다루는 데에는 두 가지의 주된 방법이 있습니다. 하나는 죄에 대해 다시 정의하는 것입니다. 그리하여 죄의식을 일으키는 그 죄 문제에 대해 그것이 우리의 책임이요 실패라는 느낌을 경감시키는 것입니다. 많은 정신과 의사들은 환자들이 갖고 있는 죄의식의 원인으로 외부적인 요인을 찾는 데 많은 시간을 들입니다. 가정 교육, 부모, 조부모, 이웃, 교회, 국가나 정부가 그 원인임이 밝혀지면, 환자들은 죄의식에서 벗어날 수 있다는 것입니다. 그들에게 죄의식을 야기시킨 그 원인들은 그들에게는 아무 책임이 없으므로, 그들의 죄의식에 대해 그 원인들을 탓하고 거기에 책임을 돌림으로써 죄의식을 벗어 버릴 수 있다는 것입니다. 문제의 책임이 자기에게 없다는 것을 믿게 되면 증세가 호전되기 시작합니다. 자신의 죄의식의 감정을 받아들이지 말고 거부하라고 의사들은 말합니다. 왜냐하면 그 죄의식은 단지 다른 사람들의 잘못에 기인한 것이기 때문에, 이제 잘못된 것이라는 것입니다. 이러한 말은 환자들로 하여금 자신에 대해 한결 마음 편하게 지내도록 도와 줍니다. 적어도 외면상으로는 그런 효과가 분명히 있을 것입니다. 그러나 이와 같이 죄를 부인한다고 해서 그 죄 문제가 근본적으로 해결되지는 않습니다.

 또 다른 방법은 죄를 사실로 인정하고, 그에 대한 책임을 받아들이며, 책임을 감당하는 자의 입장에서 이에 대처하는 것입니다. 그리스도인의 관점에서는, 우리 죄에 대한 책임을 받아들이는 것은 그 죄를 하나님께 자백하고 용서를 받는 것으로 이끕니다. 회개의 첫 번째 결과가 바로 이 용서입니다. 오순절 날 무리들이 "형제들아, 우리가 어찌할꼬?"라고 묻자, 베드로는 "너희가 회개하여 각각 예수 그리스도의 이름으로 세례를 받고 죄 사함을 얻으라"(사도행전 2:38)고 대답했습니다. 죄 사함을 받았다는 것은 우리 죄가 지워졌음을 의미합니다. 우리는 이제 과거의 죄들에 대해 "죄가 없는" 것으로 간주됩니다. 우리를 대적하기 위해 그 죄들이 다시 상기되거나, 우리를 정죄하기 위한 증거로 사용되는 일이 결코 있지 않을 것입니다.

이것은 놀랄 만한 사실이며, 성경적으로 교리적으로 올바릅니다. 그러나 우리 자신에게 그것이 사실이라고는 믿기 힘들어 합니다. 많은 사람들이 죄 사함을 교리적인 사실로는 쉽게 믿으나, 실제적인 것이라고는 생각지 않습니다. 그들은 다른 사람들이 죄 사함을 받을 것이라는 것은 쉽게 믿으나 자신의 죄 사함에 대해서는 극도로 믿기 힘들어합니다.

나는 오랫동안 여행, 설교, 상담 등을 해오면서 수많은 그리스도인들이, 어떤 이들은 신앙 생활을 오랫동안 해왔으면서도, 자신들이 원하는 것만큼 완전히 죄 사함을 받았는지에 대해 의심하고 있는 것을 보고 놀랐습니다. 그들은 끊임없이 죄의식의 공격을 받았으며, 때로는 같은 죄에 대해 거듭거듭 자백을 하고도 용서를 받았다는 확신을 갖지 못했습니다.

한번은 어떤 여성이 나를 찾아와서는 자기는 30여 년 전인 십대 후반에 무슨 나쁜 일을 저지른 적이 있다고 고백했습니다. 그녀는 그 당시에도 그리스도인이었는데, 그 때문에 그녀의 죄책감은 필시 더 심했던 것 같았습니다. 30년 동안 그녀는 결코 벗어날 수 없는 죄책감 속에서 살아왔습니다. 그녀의 말에 의하면, 자기는 거의 매일 저녁 잠자리에 들기 전에 30년 전에 지은 그 죄에 대해 자백 기도를 드리곤 했지만, 용서를 받았다는 확신을 가질 수가 없더라는 것이었습니다. 그녀는 정기적으로 교회에 출석했지만 자기가 무자격자라는 느낌 때문에 어떤 책임도 맡지 않았습니다. 그녀는 주일학교 교사가 될 수 있는 기회가 몇 번 있었고, 그 일을 감당할 만한 능력도 있었지만, 그 죄책감 때문에 그 일을 맡을 수가 없었습니다. 그녀는 또한 그 죄 때문에 자기가 좋은 아내와 훌륭한 어머니가 될 수 없다고 생각하고 있었습니다. 그로 말미암아 이제 병이 들었는데 의사는 치료를 장담하지 못하고 있습니다. 그녀의 생각에 원인은 분명했습니다. 드디어 하나님의 심판이 자기에게 이르렀다는 것입니다.

극단적인 경우라고요? 당신이 생각하는 것만큼 극단적이지는 않을 것입니다. 아마 당신도 그녀와 동일시할 것입니다. 많은 그리스도인들이 외적으로는 고요한 모습을 하고 있으나 그 속에는 해결되지 않은 죄책감이라는 문제를 안고 있습니다. 자기가 용서되지 않는 죄(마가복음 3:29 참조)를 범했을지도 모른다고 생각하고 두려움 속에서 지내고 있는 사람도 있습니다. 그리스도인임에도 불구하고 그들은 두려움 가운데 심판 날을 기다리고 있습니다.

죄를 깨닫게 하는 것과 정죄하는 것

당신의 죄에 대해 알려 주는 존재가 둘이 있습니다. 하나는 성령이요, 다른 하나는 마귀입니다. 성령에 관해 예수님께서는 "그가 와서 죄에 대하여…세상을 책망하시리라"(요한복음 16:8)고 하셨습니다. 성령의 사역에는 죄를 깨닫게 하는 것이 포함됩니다. 그러나 마귀는 또 다른 역할을 하고 있습니다. 그는 "우리 형제들을 참소하던 자"(요한계시록 12:10)라고 묘사됩니다. 그의 임무는 죄를 깨닫게 하는 것이 아니라, 정죄하는 것입니다. 요한계시록 12:10은 계속해서 마귀를 일컬어 "우리 하나님 앞에서 밤낮 참소하던 자"라고 말하고 있습니다. 다른 말로 하면, 마귀는 우리의 동기를 나쁘게 말하고 우리의 인격을 책잡기 위한 목적으로 끊임없이 하나님 앞에서 당신과 나에 대해 거짓말을 하고 있습니다. (예를 들어, 욥기 1:9-11에서 마귀는 욥이 좋지 못한 동기에서 경건하다고 참소하고 있습니다.) 마귀는 하나님 앞에서 우리를 참소하듯이 또한 우리 자신에게도 우리를 참소할 것입니다.

죄를 깨닫게 하는 성령의 사역과 마귀의 참소 사이에는 큰 차이가 있습니다. 참소는 마치 젖은 담요와 같이 우리 죄로 우리를 덮어 우리로 자유롭게 숨을 쉬지 못하고 숨이 막히게 합니다. 성령은 우리로 죄를 깨닫게 하며, 동시에 출구가 있으며 죄 용서함을 받을 수 있다는 사실도 깨닫게 합니다. 성령이 우리 죄를 드러내는 것은 우리를 정죄하거나 비난하기 위함이 아니요, 우리를 해방시키며 정결케 씻기기 위함입니다. 자신의 죄에 대한 자각이 지속적으로 절망감과 정죄당하고 있는 느낌을 갖게 하며, 벗어날 길은 없고 그런 느낌 속에서 살 수밖에 없다는 생각을 불러일으킨다면 이는 사탄으로 말미암은 것입니다.

우리 가운데는 하나님의 말씀보다는 사탄의 말에 더 신뢰를 두는 사람들이 있습니다. 우리는 좋은 소식보다는 나쁜 소식을 더 쉽게 믿는 것 같습니다. 우리의 타고난 태도가 우리 자신에 대해서는 부정적인 것 같습니다. 우리는 또한 죄 사함을 믿고, 의를 받아들이며, 자유를 누리기보다는, 자신이 틀렸다고 생각하고 죄책감을 느끼며 정죄되고 있다고 느끼기를 더 잘합니다. 내가 이 말을 하는 것은 죄의 실체나 죄책감의 심각성을 무시하기 위함이 아니라, 이러한 것들이 어쩔 수 없이 그냥 둘 수밖에 없는 그런 것이 아님을 보이기 위함입니다. 죄는 이미 해결되었으며, 죄책감은 물리칠 수 있습니다!

내가 알고 있는 한 사람은 시내에서 차를 몰다가 누군가가 경적을 울리면 본능적으로 그것은 자기를 향해 울리는 것이며 자기가 뭔가를 잘못했을 것이라고 생각합니다. 그는 죄책감에 대처하는 데 오랫동안 큰 문제를 가지고 있었습니다. 그는 그리스도인이지만, 어떤 사람이 언제나 자기를 미워하며 하나님께서도 언제나 자신을 미워하실 것이라고 생각합니다. 사탄은 그와 같은 부정적인 태도를 이용할 것이며, 우리로 영속적인 두려움과 죄책감 속에서 살게 하는 데 별로 힘이 들지 않을 것입니다.

마귀는 거짓말장이입니다. 예수님께서는 그에 대해 "저는 처음부터 살인한 자요, 진리가 그 속에 없으므로 진리에 서지 못하고 거짓을 말할 때마다 제 것으로 말하나니, 이는 저가 거짓말장이요 거짓의 아비가 되었음이니라"(요한복음 8:44)고 하셨습니다. 마귀가 우리에게 거짓말을 하지 않는 때는 오직 우리가 죄를 범했을 때뿐입니다. 우리가 죄를 범하면 마귀는 우리 죄가 해결되고 씻겨지고 용서받고 기억지 않은 바 된 곳인 예수님의 십자가에서 그 죄를 다시 가져와서 우리에게 그것을 상기시키고 비난합니다. 우리가 그리스도를 믿지 않을 때는 사탄은 우리를 정죄하지 않습니다. 그로서는 그렇게 할 필요가 없습니다. 어떤 경우든, 자기 죄에 만족스러워하는 사람에게 죄의식을 심어 주는 것은 마귀의 입장에선 손해인 까닭입니다. 죄의식을 심어 주면 오히려 그들은 용서받을 길을 찾게 될 수도 있기 때문입니다. 그러나 우리가 그리스도께 나아와 죄 사함을 받는 순간, 마귀는 하나님께서 묻어 버리신 것을 다시 파헤쳐서, 죄 사함 받음으로 말미암은 우리의 자유와 기쁨을 파괴하고 우리를 정죄하기 위한 수단으로 이용합니다.

용서의 토대

죄 용서함을 누리는 데 있어 장애가 되는 것 가운데 하나는 이해의 부족입니다. 거룩하시고 의로우신 하나님의 어떤 성품이 나의 죄를 용서하실 수 있게 합니까? 나는 사람들에게, 하나님께서는 그의 자비와 공의 중 어느 것을 토대로 하여 우리 죄를 용서해 주신다고 믿는지 물어 보았습니다. 하나님께서 우리에 대해 관대하시기 때문입니까, 아니면 완벽하게 의롭고 공의로우시기 때문입니까? 대다수의 사람들이 하나님께서 죄를 용서하시는 것은 그분의 자비에 토대를 두고 있다고 생각하는 것은 그리 놀라운 일이 아닙니다. 그러나 그것은 잘못 생각하고 있는 것입니다. 하나님께서는 그분의 공의를 토대로 하여 우리를 용서하십니다. "만일 우리가 우리 죄를 자백하면 저는 미쁘시고 의로우사 우리 죄를 사하시며 모든 불의에서 우리를 깨끗케 하실 것이요"(요한일서 1:9). 만약 하나님께서 단지 그분의 자비를 토대를 하여 우리를 용서하고자 하셨으면 십자가는 불필요했을 것입니다. 십자가 상에서의 그리스도의 죽음 때문에 하나님의 용서가 공의로운 행동이 됩니다. 하나님의 자비가 아니라 하나님의 공의에 호소함으로써 우리는 용서받을 수 있는 것입니다.

공의와 자비는 양립할 수 없는 것처럼 보입니다. 어떤 사람이 동일한 사항에 대해 동시에 공의와 자비를 나타낼 수는 없습니다. 내가 운전하다가 속도 위반을 하여 법정에 서게 되었다면, 판사는 두 가지 중에서 하나를 선택해야 합니다. 그는 내게 자비롭게 대하여 그냥 보내줄 수도 있고, 공의롭게 대하여 벌금을 부과할 수도 있습니다. 그러나 두 가지를 다 할 수는 없습니다. 그가 나의 행동이 나의 인품과 어울리지 않는, 실수로 한 행동이라고 결론짓고 나에게 자비롭게 대하기로 하여 그냥 보내주기로 한다면, 동시에 공의롭거나 벌금을 부과할 수는 없습니다. 또는 그가 만약 공의롭고 내게 벌금을 부과하기로 결정했다면, 그와 동시에 자비로울 수는 없는 것입니다. 이 두 가지는 서로 양립될 수 없습니다.

다음 경우를 생각해 보십시오. 그 판사가 자비롭게 대하고 싶은 마음은 있지만 판사로서의 의무를 느끼며, 그래서 나의 잘못을 세부 사항까지 주의 깊게 심리한 끝에 벌금을 부과합니다. 그것은 전적으로 공의로운 행동이 될 것입니다. 나는 오직 그 벌금을 냄으로써만 자유로워질 수 있습니다.

또 다른 경우를 생각해 봅시다. 판사 자신이 내게 대해 친절과 자비를 베풀고 싶어서 의자에서 일어나 걸어나와 나의 벌금을 내주었다고 칩시다. 법정의 문서에는 내가 유죄 판결을 받았으며, 벌금이 부과되었고, 그 벌금은 납부되었다고 기록될 것입니다. 나를 향한 그 판사의 태도는 자비롭고 친절한 태도였으며, 이 태도로 인해 그는 나의 벌금을 대신 납부하게 되었습니다. 그러나 법률적인 관점에서 본다면 나는 자비의 행동 때문에 그 법정에서 자유롭게 떠나게 되는 것이 아닙니다. 내가 자유의 몸이 된 것은 공의가 행해졌기 때문입니다. 벌금이 납부되었고, 나는 법적으로 자유롭게 되었습니다. 이것은 간단한 예화에 지나지 않습니다. 그러나 핵심이 무엇인지 파악했습니까? 내가 자유롭게 된 것은 공의의 토대 위에서였습니다.

십자가 사건을 역사적인 사건이 되게 한 것은 우리를 향한 하나님의 사랑과 자비였습니다. "하나님이 세상을 이처럼 사랑하사 독생자를 주셨으니"(요한복음 3:16). 그러나 예수님을 보내사 우리를 대신하여 십자가에서 죽게 하신 것은 우리 죄를 해결하고자 하시는 하나님의 공의의 행동이었습니다. 베드로는 "그리스도께서도 한 번 죄를 위하여 죽으사 의인으로서 불의한 자를 대신하셨으니…"(베드로전서 3:18)라고 했습니다. 하나님의 법의 요구가 만족됨에 따라 하나님께서는 법적으로나 도덕적으로나 우리를 용서하시지 않을 수 없게 된 것입니다. 이 사실을 토대로 하여 우리는 하나님께 죄를 용서해 주시도록 요청할 수 있고, 또 그분의 용서를 받아들일 수 있습니다. 내 죄를 용서받았다고 믿는 것은 주제넘은 행동이 아닙니다. 내가 진정으로 용서받았다고 믿는 것은 하나님의 공의와 정직에 토대를 두고 있습니다.

그 판사가 내 벌금을 대신 내준 후 내가 법정을 떠날 때, 비록 나는 한 푼도 내지 않았지만 나는 법적으로 정당하게 그 자리를 떠납니다. 아무도 나를 구류하거나 벌금을 내라고 주장할 권리가 없습니다. 내가 양심의 가책을 덜기 위해 단 몇 푼이라도 돈을 낸다면, 회계 장부에 착오가 생기게 될 것입니다. 이것이 또 다른 속죄 행위가 불필요한 이유입니다. 어떤 형태이든 우리 편에서의 속죄가 있어야 한다고 주장하는 것은 그리스도의 공로의 충분성을 약화시키는 것입니다. 현세에서 나는 내 죄로 인한 형벌을 조금도 담당할 수 없으며, 그렇게 할 필요도 없습니다. 완전한 청산이 이루어졌기 때문입니다. 그래서 하나님의 공의의 토대 위에서 나는 죄 사함을 받을 수 있는 것입니다.

죄 사함을 하나님의 자비의 결과로 생각하는 한 나는 하나님 편에서 죄를 용서하셔야 할 의무는 없다고 생각할 수밖에 없을 것입니다. 그러면 내가 너무 자주 죄를 범하여 하나님의 자비를 고갈시키면 비록 전에는 나를 용서하셨을지라도 다시는 용서하지 않으실 수도 있다고 생각할 수 있습니다. 많은 사람들이 계속 느끼는 죄책감의 근저에는 바로 이러한 생각이 자리잡고 있는 것입니다. 그들은 하나님께서 자기들의 죄를 다루시는 것을 생각할 때 십자가와 그 중요성을 간과하고 있습니다. 마귀는 십자가의 충분성과 효과에 의문을 제기하도록 유혹합니다. 십자가 상에서 죄는 정복되었고, 십자가를 통해 마귀는 사형 선고를 받았습니다. 많은 이들이 이 사실을 믿지 않고 있다는 것은 비극입니다.

하나님께서는 공의로우시기 때문에 용서하시며, 하나님께서 용서하지 않으신다면 공의롭지 않고 도덕적이지 않으신 것이 됩니다. 하나님의 용서에 의문을 던지는 것은 하나님의 공의와 도덕적인 온전성에 의문을 던지는 것이나 마찬가지입니다. 우리는 결코 그래서는 안 되며, 그럴 필요도 없습니다.

물론, 용서를 경험하는 데에는 조건들이 있습니다. 베드로는 "너희가 회개하여…죄 사함을 얻으라"(사도행전 2:38)고 말했습니다. 요한은 "만일 우리가 우리 죄를 자백하면 저는 미쁘시고 의로우사 우리 죄를 사하시며 모든 불의에서 우리를 깨끗케 하실 것이요"(요한일서 1:9)라고 했습니다. 산상수훈에서 예수님께서는 이렇게 말씀하셨습니다:"너희가 사람의 과실을 용서하면 너희 천부께서도 너희 과실을 용서하시려니와, 너희가 사람의 과실을 용서하지 아니하면 너희 아버지께서도 너희 과실을 용서하지 아니하시리라"(마태복음 6:14-15). 성경은 분명히 말합니다. 우리의 죄를 자백하며 하나님 앞에서 그 죄를 회개해야 합니다. 그리고 하나님께서 우리의 죄를 용서하여 주시기를 바란다면 우리도 다른 사람들에 대하여 동일한 마음을 가지고 그들의 죄를 용서해 주어야 합니다. 다른 사람의 잘못을 용서하기를 거절한다면 우리는 하나님의 용서를 받을 수 없습니다. 예수님은 그 점을 분명히 하셨습니다. 예수님은 "주기도문"에서 "우리가 우리에게 죄 지은 자를 사하여 준 것같이 우리 죄를 사하여 주옵소서"(마태복음 6:12) 하고 기도하라고 가르쳐 주셨습니다. 그러므로 우리가 다른 사람을 용서하지 않는다면 용서를 바랄 권리가 없습니다. 사실상, 다른 사람을 용서하려는 마음 자세는 곧 회개의 일부입니다.

용서받지 못하는 죄란?

자신이 용서받지 못하는 죄를 범했을지도 모른다는 두려움에 사로잡혀 살아가는 그리스도인들이 있습니다. 그들은 심판 날 모든 것이 자신들에게는 아무 소용이 없을 것이며, 이 세상에 살 때도 자신들이 영적으로 손상을 입어 하나님께 별로 쓰임받지 못할 것이라고 생각합니다.

예수님께서는 용서받지 못하는 죄에 대해 언급하셨으며, 그것이 마태복음, 마가복음, 누가복음에 기록되어 있습니다. "누구든지 성령을 훼방하는 자는 사하심을 영원히 얻지 못하고 영원한 죄에 처하느니라"(마가복음 3:29). 논의의 주제는 "성령을 훼방하는 것"이란 어떤 것을 의미하느냐 하는 것입니다. 이 말씀의 전후 문맥을 살펴보면, 서기관들이 예수님의 삶 가운데서 역사하시는 성령의 역사를 인정하기를 거부하는 것이 이 말씀의 배경임을 알 수 있습니다. 그들은 예수님 삶 속의 성령의 역사를 인정하지 않고 도리어 예수님의 신비한 능력이 귀신의 왕 바알세불로 말미암은 것이라고 주장했습니다.

성경의 특정한 구절을 성경 전체의 흐름에 비추어 이해하는 것이 언제나 중요합니다. 이것은 의문이 생기는 내용이 성경 전체의 정신과 다를 때 특히 중요합니다. 성경은 일관성이 있는 이야기이며, 우리가 세부적으로 이해하고자 하는 구절이나 내용은 그 전체 이야기의 부분이 되어야 합니다. 결코 문맥에서 한 구절을 뽑아 내어, 진실이 아닌 어떤 것을 주장하기 위한 구실이나 핑계로 삼지 않도록 주의해야 합니다.

성경의 다른 부분들에서는, 죄 용서의 범위는 우리의 모든 죄를 포괄하는 것으로 되어 있습니다. 요한은 "그 아들 예수의 피가 우리를 모든 죄에서 깨끗하게 하실 것이요"(요한일서 1:7)라고 했으며, 이어서 "만일 우리가 우리 죄를 자백하면 저는 미쁘시고 의로우사 우리 죄를 사하시며 모든 불의에서 우리를 깨끗케 하실 것이요"(요한일서 1:9)라고 했습니다. 바울은 "그리스도 예수 안에 있는 자에게는 결코 정죄함이 없나니"(로마서 8:1)라고 했습니다. 이러한 구절들에는 예외 조항이 없다는 것을 주목하는 것이 필요합니다. 예를 들어, "우리가 사함받지 못하는 죄를 범치 않는 한 그 아들 예수의 피가 우리를 모든 죄에서 깨끗하게 하실 것이지만, 사함받지 못하는 죄를 범하면 우리는 여전히 죄를 지고 있을 것이다"라고 되어 있지 않다는 것입니다. 죄의 용서는 포괄적입니다. 결코 사함받지 못하는 죄를 범하여 단지 부분적으로만 용서를 받는 사람에 대한 언급은 성경 어느 곳에서도 찾아볼 수 없습니다.

죄 사함을 받을 수 있는 유일한 방법은 죄를 깨닫게 하시는 성령의 사역에 반응하여 그리스도의 대속의 죽음을 받아들이는 것입니다. 우리로 죄를 깨닫게 하고 그리스도를 통해 죄로부터 벗어날 수 있는 탈출구를 가리켜 주는 분은 성령이십니다. 따라서 성령의 사역에 저항하는 것은 죄 사함을 받을 수 있는 방법을 저버리는 것입니다. 예수님께서 서기관들에게 죄 사함을 받을 수 있는 가능성이 없다는 것을 경고했을 당시의 그 서기관들이 바로 그렇게 성령의 사역에 저항하고 있었던 것입니다. 그들은 예수님께 대해 너무나 마음이 강퍅해져 있어 예수님의 사역의 초자연적인 요소들을 성령이 아니라 귀신에 기인하는 것으로 여겼습니다. 이런 식으로 성령을 거스리고 모욕하는 것은 죄 사함을 받을 수 있는 어떤 가능성에 대해서도 문을 닫아 버리는 것이 됩니다. 이처럼, 사함받지 못하는 죄는 순간적으로 범했다가 용서받을 길이 없는 어떤 죄가 아닙니다. 그것은 죄 용서를 받을 수 있는 유일한 방법을 받아들이기를 거부하는 것이며, 성령에 저항하며, 자기의 죄 가운데서 머물기로, 용서받지 않은 채로 머물기로 선택하는 것입니다.

이 때문에 이미 그리스도인이 된 사람은 그러한 죄 가운데 있을 수가 없습니다. 왜냐하면 그는 성령에 응답하여 하나님의 죄 사함을 받아들임으로써 그리스도인이 되었기 때문입니다. "사함받지 못하는 죄"를 범하지는 않을까 두려워하고 있다면, 성경의 전체 문맥에서 한 구절을 빼내지 말고, 모든 죄에 해당하는 하나님의 죄 사함을 알고 즐거워하기 바랍니다. 그리고 당신은 자신이 정결한 것으로 믿고 살아가기 시작하십시오. 당신은 하나님 앞에서 실제로 정결해졌기 때문입니다.

하나님께서는 우리의 죄에 대해 어떻게 하시는가?

하나님께서 우리 죄에 대해 어떻게 하시는지를 생생하게 보여 주는 구절들을 성경 전체에 걸쳐 몇 구절 찾아보기로 하겠습니다. 이 구절들을 살펴보면 아주 격려가 됩니다.

1. "동이 서에서 먼 것같이 우리 죄과를 우리에게서 멀리 옮기셨으며"(시편 103:12). 이것은 좋은 비유입니다. 시편 기자는 "북이 남에서 먼 것 같이" 우리 죄를 멀리 옮기셨다고 하지 않고 "동이 서에서 먼 것같이" 멀리 옮기셨다고 했습니다. 남과 북은 고정된 점이나 동과 서는 그렇지 않습니다. 최근에 나는 런던에서 비행기로 일본에 간 적이 있습니다. 내가 탄 비행기는 런던을 떠나 영국을 남에서 북으로 관통한 후 북 스코틀랜드의 오크니 제도 곁을 지나 마침내 북극권을 지나 날았습니다. 우리는 북극을 통과하는 노선의 비행기를 타고 있었는데, 비행기는 오래지 않아 가장 북쪽인 북극점을 통과하여 알래스카를 가로질러 남쪽으로 날아 앵커리지에 잠시 착륙했다가 서남쪽으로 방향을 잡아 도쿄로 향했습니다.

북은 고정된 점이요 남도 마찬가지입니다. 그러나 동과 서는 그렇지 않습니다. 당신은 비행기를 타고 서쪽으로 날아 지구를 한 바퀴 돌아 원래의 출발지로 되돌아올 수는 있으나 결코 서쪽 끝에 도달해 동쪽으로 방향을 바꾸어야 하는 일은 없습니다. 마찬가지로 당신은 동쪽으로 날아 세계를 한 바퀴 돌 수는 있으나, 동쪽 끝에 도달해 서쪽으로 나는 일은 없습니다. 아무리 날아가도 동쪽 끝에 도달할 수는 없습니다. 동쪽과 서쪽은 끝이 없습니다. 그런데 존재하지 않는 이 두 끝의 거리만큼이나 멀리 하나님께서는 우리 죄를 우리에게서 옮기신 것입니다. 우리와 우리 죄는 결코 서로 만날 수 없을 정도로 멀리 분리되었습니다. 그러므로 용서받은 죄인인 우리는 결코 다시 그 죄를 옮겨 오려고 해서는 안 됩니다.

2. "나의 모든 죄는 주의 등 뒤에 던지셨나이다"(이사야 38:17). 하나님께서 전지하시고 무소부재(無所不在)하실진대 "주의 등 뒤"란 도대체 어디일까요? 거기가 어디이든, 이것은 어떤 물건을 등 뒤로 던져 버리면 우리의 시야에서 사라지듯이, 하나님께서 우리 죄를 하나님의 시야 밖으로 옮겨 버리셨다는 것을 비유적으로 잘 보여 줍니다.

3. "나 곧 나는 나를 위하여 네 허물을 도말하는 자니 네 죄를 기억지 아니하리라"(이사야 43:25). 하나님께서는 특별한 능력을 지니고 계십니다. 그분은 용서하실 뿐만 아니라 더 이상 기억지 아니하십니다. 모든 것을 아시는 하나님께서 다시는 내 죄를 상기하지 않으시며, 그 죄에 대해 설명을 요구하지도 않으시고, 나를 공격하기 위한 증거로 사용하지도, 그것으로 인해 나를 정죄하지도 않으십니다. 하나님께서는 그 죄를 "더 이상 기억하지 않으시며" 마치 내 죄가 처음부터 없었던 것처럼 대하십니다.

우리는 용서할 수 있는 능력은 있으나 쉽게 잊어버리는 능력은 없습니다. 뉴욕에 있는 한 교회에서 설교를 한 적이 있습니다. 예배당은 만원을 이루고 있었는데, 설교 도중에 줄의 안쪽에 앉아 있던 한 사람이 일어났습니다. 그는 밖으로 나가려고 하는듯 두리번거렸지만 사람들이 길을 내주지 않았습니다. 잠시 후 한 사람이 그 사람 뒤에서 일어나더니 그의 어깨를 두드리며 내게도 들릴 정도의 목소리로 "앉아 주세요. 당신 때문에 앞이 안 보입니다"라고 속삭였습니다.

그러자 그 사람은 뒤를 돌아보며 비슷한 크기의 목소리로 "난 나가려고 해요"라고 했습니다.

"그럼 나가세요. 아니면 앉으시던지. 제발 좀 거기 서 있지는 마십시오"라고 뒷 사람이 말했습니다.

이 말에 그 사람은 주먹을 불끈 쥐더니 그 뒷 사람을 향해 "퍽!" 소리가 들릴 정도로 일격을 가해 그 사람을 넘어뜨리고는 다시 허리를 굽혀 그에게 한 번 더 주먹을 날렸습니다. 이때 두세 명의 사람들이 급히 그를 붙잡고 억지로 문밖으로 끌고 갔습니다.

예배가 끝나자 그 사람이 되돌아와서는 예배를 방해한 데 대해 내게 사과했습니다. 그는 자기가 술이 취했었으며 그건 정상적인 행동이 아니었다고 해명했습니다. (나도 그가 술을 마신 것으로 생각은 했었으나, 그의 행동은 그래도 이해가 되지 않는 것이었습니다.) 그는 용서를 구했고, 나는 진심으로 그를 용서했습니다.

그러나 다음날 저녁 내가 설교하려고 하는데 그 사람이 들어오는 것이 보였다고 가정합시다. 내 속에서 조그만 목소리가 들려 올 것입니다. "주의해! 골칫거리가 나타났어!" 왜 그렇습니까? 그를 용서하지 않았기 때문입니까? 아닙니다. 나는 그를 용서했습니다. 그러나 잊지는 않았기 때문입니다. 그를 다시 만났다면 나는 그가 오른쪽 주먹을 날려도 맞지 않을 정도의 거리를 두려고 했을 것입니다. 비록 용서할 수 있는 능력은 내게 있지만 '더 이상 기억하지 않는' 능력은 없는 것입니다. 하나님께서는 그런 능력이 있으십니다. 그분은 나를 실패자나 죄인으로 대하지 않으십니다. 씻겨진 과거는 이제 그분께 아무 의미가 없습니다. 그것은 지나갔으며, 그분은 마치 내가 애당초 죄를 짓지 않았던 것처럼 나를 대하십니다. 그분의 용서의 수준은 이런 정도입니다.

4. "이제 그리스도 예수 안에 있는 자에게는 결코 정죄함이 없나니"(로마서 8:1). 이 정도로 하나님께서는 우리 죄를 더 이상 기억지 않으십니다! 이 구절은 시제가 현재형으로 되어 있습니다. 오늘 정죄함이 없는

것입니다. 하나님께서는 나를 거부하지 않으십니다. 불화는 끝났으며, 죄는 멀리 옮겨졌으며, 정죄받지 않습니다. 그리스도인은 정죄받고 있다고 느낄 때마다 그 느낌은 사탄에게서 온 것이지 하나님께로부터 온 것이 아님을 기억해야 합니다. 사탄을 거부하십시오.

5. "사랑이 우리에게 온전히 이룬 것은 우리로 심판 날에 담대함을 가지게 하려 함이니, 주의 어떠하심과 같이 우리도 세상에서 그러하니라"(요한일서 4:17). 우리를 향한 하나님의 사랑이 어느 정도인가는, 심판 날 우리가 움츠리며 공포심을 느끼고 하나님과의 대면을 두려워하며 하나님의 존전에 나아가는 것이 아니라, 겸손하면서도 담대하고 자신 있게 나아가게 된다는 사실에 잘 나타납니다. 왜 그렇습니까? 요한은 우리를 향한 하나님의 온전한 사랑은 "주의 어떠하심과 같이 우리도 세상에서 그러하니라"라는 사실에 표현되어 있다고 말합니다. 우리는 주 예수 그리스도만큼 정결하고 의로운 존재로서 하나님의 존전에 서게 될 것입니다. 하나님 아버지께서는 그 아들을 환영하시듯이 당신과 나를 환영하실 것입니다.

우리의 노력으로 그런 자격을 얻었습니까? 물론 그렇지 않습니다. 그러나 역사상 하늘이 캄캄해지고 하나님 아버지께서 정결하고 거룩하고 의로우신 아들을 죄로 정하사 그에게서 등을 돌리셨던 날이 있었습니다. 내 모든 추함과 허물과 죄는 주 예수님 위에 쌓여졌습니다. 그 대신, 예수님의 모든 선과 정결함이 용서받은 죄인인 내 위에 부어졌습니다. 바울은 그 사실을 이렇게 말했습니다:"하나님이 죄를 알지도 못하신 자로 우리를 대신하여 죄를 삼으신 것은 우리로 하여금 저의 안에서 하나님의 의가 되게 하려 하심이니라"(고린도후서 5:21). 얼마나 놀라운 교환입니까? 리빙바이블은 이 구절을 이렇게 풀어 쓰고 있습니다:"하나님께서는 죄 없으신 그리스도를 취하사 그에게 우리 죄를 부으셨습니다. 그 대신, 그분은 하나님의 선하심을 우리에게 부으셨습니다!" 그리스도께서 우리 죄를 가져 가시고, 우리는 그분의 의를 가지고 왔습니다. 이 사실을 알 때 기쁘고 또 겸허해지지 않습니까? 당신의 모든 죄를 씻음받은 기쁨을 마귀가 앗아가지 못하게 하십시오.

그러나, 용서받고 깨끗해지는 것이 놀라운 일이기는 하지만 그것이 그리스도인의 삶의 전부는 아닙니다. 예수 그리스도께서는 단지 우리 죄를 씻기 위해서만 이 세상에 오신 것이 아닙니다. 죄를 씻는 것은 필요하고 또 놀라운 일이지만, 그것은 어떤 목적을 이루기 위한 수단에 지나지 않습니다. 이는 우리 죄를 용서하는 진정한 목적을 이룰 수 있도록 하기 위함이며, 이제 그 목적에 대해 살펴보기로 하겠습니다.

7

내주하시는 성령

예수 그리스도의 사역의 목적은 단지 우리의 죄를 용서하고 모든 죄로부터 우리를 정결케 하기 위함만은 아닙니다. 우리는 죄 사함에 대한 필요를 가지고 있을 뿐만 아니라, 선(善)에 대한 열망도 가지고 있습니다. 사람들이 죄의식을 갖는 것은 그들에게 선하고자 하는 마음이 있기 때문이며, 그리스도의 사역의 목적은 바로 이 선의 확립입니다. 그리스도께서 우리 죄를 용서하신 것은 단지 우리를 깨끗케 하기 위해서만이 아니라, 성령으로 말미암아 우리 안에 오셔서 그분의 삶을 사시기 위함입니다. 우리의 깨끗케 됨을 토대로 하여 성령께서 오심으로써 우리는 그리스도인이 됩니다.

우리가 그리스도인이 된 것은 우리의 죄가 사라졌기 때문이 아니라, 성령께서 오셨기 때문입니다. 바울은 다음과 같이 기록합니다:"누구든지 그리스도의 영이 없으면 그리스도의 사람이 아니라"(로마서 8:9).

가령 내가 5달러짜리 책을 사기 위해 서점에 갔다고 합시다. 두 가지 일이 있게 될 것입니다. 나는 5달러를 지불하고, 그 책을 받을 것입니다. 만약 내가 그 서점을 나오는데 우연히 만난 친구가 서점에서 무엇을 했느냐고 묻는다면, "서점에 5달러를 지불했네"라고 대답하지는 않을 것입니다. 물론 그 말은 전적으로 맞는 말이지만, 그렇게 말하지 않고 다만 "책을 한 권 샀네"라고 대답할 것입니다. 책을 사기 위해서 5달러를 지불했었지만, 돈을 지불한 것은 목적을 이루기 위한 수단일 뿐입니다. 목적은 그 책을 내 것으로 만드는 것입니다.

이와 마찬가지로, 죄 사함을 받는 것이 필수적이고 놀라운 중요한 일이기는 하지만(그 중요성을 결코 간과해서는 안 됩니다), 그것이 우리로 그리스도인이 되게 해준다든지, 그리스도인이 되는 목적을 성취하는 것은 아닙니다. 그것은 목적을 이루기 위한 수단일 뿐입니다. 죄 사함은 죄 사함을 받은 사람 속에 성령께서 오실 수 있게 해드림으로써, 성령께서 그 속에서 그리스도의 삶을 사시며, 그를 통해 예수 그리스도의 인격을 나타내시도록 하기 위함입니다. 그래서 나는 자신이 죄 사함을 받은 것에 대해서는 감사하면서도 성령의 능력으로 살지 않음으로 죄 사함의 목적을 누리지 못하는 그리스도인들을 보면 안타까운 마음이 듭니다. 그것은 마치 자기가 5달러를 지불한 것은 알면서도 그 책을 가져와서 즐기지는 않거나, 혹은 그렇게 즐기는 것이 돈을 지불한 목적이었다는 것마저 잊어버리는 것과 비슷합니다.

그리스도께서는 갈보리 십자가에 못박혀 돌아가심으로 말미암아 우리로 죄 사함을 받을 수 있게 해주셨습니다. 또한 오순절 날 성령을 보내주심으로 우리로 능력 있고 경건한 삶을 살 수 있게 해주셨습니다. 성령께서 우리 안에 내주하실 때 비로소 우리는 그리스도인이 됩니다.

성령은 누구신가?

성경 전체를 살펴보면 성령께서는 개인적인 이름이 없이, 그의 사역과 연관하여 여러 가지 이름으로 불리워지고 있습니다. "진리의 성령"(요한복음 16:13), "보혜사(保惠師)"(요한복음 14:26) 등등. 성부와 성자께서는 개인적인 이름이 있어, 성부는 여호와, 엘로힘, 성자는 예수, 임마누엘 같은 이름들이 있습니다. 그러나 성령은 이름이 없습니다. 그래서 어떤 이들은 성령이 인격체가 아닌 것으로 생각했습니다. 어떤 이들은 성령을, 때로는 연을 날리기 위한 바람이나, 엔진을 가동시키기 위한 증기나, 수력 발전기를 돌리기 위한 물처럼, 우리가 끌어다가 이용할 수 있는 능력이나 힘, 에너지, 영향력 등으로 생각하기도 했습니다. 그러나 이것은 잘못입니다. 비록 때로 성령이 바람이나 불처럼 묘사되어 있다고 하지만(실제로, 구약과 신약에서 성령을 나타내는 히브리어나 헬라어는 바람을 나타내는 단어와 같습니다), 우리는 성령을 비인격적 사물로 보아서는 안 됩니다. 성령은 인격이십니다. 인격을 구성하는 특성은 생각할 수 있는 능력, 느낄 수 있는 능력, 결정할 수 있는 능력이며, 다른 말로 하면 지성과 감정과 의지입니다. 성령께서는 성부 하나님과 마찬가지로 육신을 가지고 있지 않습니다. 그러나 인격이란 육신적인 속성이 아니며, 그것은 위의 세 가지 특성이 합쳐진 것입니다.

성령께서는 생각하신다. "사람의 사정을 사람의 속에 있는 영 외에 누가 알리요? 이와 같이 하나님의 사정도 하나님의 영 외에는 아무도 알지 못하느니라. 우리가 세상의 영을 받지 아니하고 오직 하나님께로 온 영을 받았으니, 이는 우리로 하여금 하나님께서 우리에게 은혜로 주신 것들을 알게 하려 하심이라"(고린도전서 2:11-12). 이처럼 성령께서 하나님의 사정과 생각을 아시고 그것들을 드러내시며 우리에게 가르쳐 주시는 분이라면, 그분은 생각할 수 있는 능력을 가지고 계십니다. 이 구절에 앞서 몇몇 구절을 통해 바울은 하나님의 진리는 관찰에 의해서도 알 수 없고("하나님이 자기를 사랑하는 자들을 위하여 예비하신 모든 것은 눈으로 보지 못하고 귀로도 듣지 못하고"), 묵상에 의해서도 알 수 없으며 ("사람의 마음으로도 생각지 못하였다"), 오직 계시에 의해서만 알 수 있다("오직 하나님이 성령으로 이것을 우리에게 보이셨으니")고 했습니다(고린도전서 2:9-10). 계시는 이 세상에서 성령께서 하시는 일입니다. 예언은 "성령의 감동하심을 입은" 사람들로부터 나온 것입니다(베드로후서 1:21). 우리는 자주 성경에서 성령께서 사람들에게 말씀을 하고 계시는 것을 봅니다.

성령께서는 느끼신다. 성경은 성령께서 긍정적인 감정과 부정적인 감정을 느끼신다는 사실을 보여 줍니다.

"형제들아, 내가 우리 주 예수 그리스도로 말미암고 성령의 사랑으로 말미암아 너희를 권하노니, 너희 기도에 나와 힘을 같이하여 나를 위하여 하나님께 빌어"(로마서 15:30). 성령 자신이 사랑하실 뿐만 아니라, 우리 속에 사랑, 기쁨, 평화와 같은 긍정적인 감정을 일으키기도 하십니다. 나는 이러한 것들이 감정 그 이상의 것임을 알고 있지만, 이것들 가운데 그 어느 하나도 감정으로부터 분리시킬 수는 없습니다.

성령께서는 부정적인 감정도 느끼십니다. 바울은 "하나님의 성령을 근심하게 하지 말라"(에베소서 4:30)고 했습니다. 성령께서는 상처를 입을 수도 있고, 근심하실 수도 있으며, 슬퍼하실 수도 있습니다. 조지 던컨은 "성령께서 우리에게 오신 목적을 행하시지 못하도록 할 때 성령께서는 근심하게 된다"고 했습니다. 우리는 성령 하나님께 기쁨도 드릴 수 있고, 슬픔도 드릴 수 있다는 것을 알면 진지해집니다. 성령께서는 우리로 인해 기뻐하실 수도 있고 슬퍼하실 수도 있습니다. 마음과 성품과 힘과 뜻을 다하여 하나님을 사랑할 때, 우리는 성령께 기쁨을 드릴 수 있고 그분을 슬프게 하는 것을 피할 수 있습니다. 이 사실을 아는 것보다 거룩한 삶에 동기를 부여해 주는 것은 없습니다.

성령께서는 결정하신다. 영적 은사에 대해 말하면서 바울은 "이 모든 일은 같은 한 성령이 행하사 그 뜻대로 각 사람에게 나눠 주시느니라"(고린도전서 12:11)고 했습니다. 자신이 원하시는 대로 은사들을 나눠 주시는 것은 성령의 특권입니다. 그래서 우리는 자신이나 다른 이를 위해 어떤 특정한 영적 은사를 달라고 주장할 권리가 없으며, 성령께서 원하시는 대로 나눠 주실 자유를 인정해야 합니다.

우리는 성경 전체를 통하여, 인격체에게만 가능한 활동들을 성령께서 하고 계신 것을 볼 수 있습니다.

성령께서는 말씀하신다. "주를 섬겨 금식할 때에 성령이 가라사대, '내가 불러 시키는 일을 위하여 바나바와 사울을 따로 세우라'"(사도행전 13:2). 성경에서는 여러 번이나 성령께서 말씀하시는 것을 기록하고 있습니다. 어떻게 말씀을 하시는가는 그분께 달려 있습니다. 어떤 특정한 영역에서만 말씀하시는 것으로 제한하거나, 예언적인 말씀만 하실 것으로 기대하는 것은 위험합니다. 하나님께서 당신이나 나에게 어떤 것을 알리고 싶어하시면, 성령께서는 그것을 어떤 방법이든 그분 자신께 적절한 방법으로 우리에게 말씀해 주실 것입니다.

성령께서는 가르치신다. 예수님께서는 성령에 대해 "보혜사 곧 아버지께서 내 이름으로 보내실 성령 그가 너희에게 모든 것을 가르치시고 내가 너희에게 말한 모든 것을 생각나게 하시리라"(요한복음 14:26)고 말씀하셨습니다. 우리가 겸손히 성령을 의뢰할 때 그분은 우리의 선생이 되십니다.

성령께서는 중보 기도를 하신다. "이와 같이 성령도 우리 연약함을 도우시나니, 우리가 마땅히 빌 바를 알지 못하나 오직 성령이 말할 수 없는 탄식으로 우리를 위하여 친히 간구하시느니라.···이는 성령이 하나님의 뜻대로 성도를 위하여 간구하심이니라"(로마서 8:26-27). 때때로 우리는 어떻게 기도해야 할지 모릅니다. 그러나 성령께서는 우리 마음속의 짐을 취하여 그것을 풀어 해석하고 하나님의 뜻이라는 체로 걸러 하나님께 간구하십니다. 우리 마음속의 짐과 탄식은 이제 이해 가능한 기도가 되며,

하나님의 뜻에 온전히 일치하는 기도가 됩니다.

성령께서는 인도하신다. 예수님께서는 성령에 대해 약속하시기를 "그가 너희를 모든 진리 가운데로 인도하시리니"(요한복음 16:13)라고 하셨습니다. 이 구절에서 핵심적인 단어는 "인도하다"입니다. 우리가 부지런히 성경을 공부하고 주의 깊게 그 진리에 대해 생각할 때, 성령께서 우리 생각을 모든 진리 가운데로 이끄신다는 의미입니다. 성령께서는 출처가 어딘지도 모르는 진리를 우리에게 보여 주시지는 않습니다. 우리가 성경에서 적극적으로 진리를 찾을 때 진리를 얻게 될 것입니다.

성령께서는 지휘하신다. "성령이 아시아에서 말씀을 전하지 못하게 하시거늘, 브루기아와 갈라디아 땅으로 다녀가 무시아 앞에 이르러 비두니아로 가고자 애쓰되, 예수의 영이 허락지 아니하시는지라, 무시아를 지나 드로아로 내려갔는데"(사도행전 16:6-7). 여기서 우리는 성령께서 바울과 그 동역자들이 복음을 전하는 것을 막으시는 흥미 있는 장면을 보게 됩니다. 우리가 어떤 것을 전파하거나 행하는 권리는, 활동 그 자체가 좋다는 데 기초하는 것이 아니라, 성령께서 우리를 보내셨고 우리가 성령의 권위 아래서 일하고 있다는 사실에 기초하고 있습니다. 우리는 주님의 일을 할 때 성령의 권위 아래서 움직여야 합니다. 성령은 우리의 삶과 사역에서 전략가이십니다. 우리는 마땅히 성령께 우리를 지휘할 권리를 드려야 합니다.

성령께서는 임명하신다. 바울은 에베소 교회의 장로들에게 "너희는 자기를 위하여 또는 온 양떼를 위하여 삼가라. 성령이 저들 가운데 너희로 감독자를 삼고, 하나님이 자기 피로 사신 교회를 치게 하셨느니라"(사도행전 20:28)고 했습니다. 교회는 대다수의 사람들이 원하는 것을 지도자가 행하는 민주주의가 행해지는 곳이 아니라, 하나님께서 원하시는 것을 지도자가 행하는 이른바 신본주의(神本主義)가 행해지는 곳입니다. 성경에 보면 다수의 생각이 오히려 그릇된 경우가 많이 있었습니다. 교회 지도자들은 하나님의 말씀에 귀를 기울이며 하나님의 계획과 프로그램을 실행하는 데 앞장서야 합니다. 바울은 에베소의 장로들에게 성령께서 그들을 교회의 인도자로 임명했다는 것을 상기시켰습니다.

성령을 욕되게 할 수도 있다. 히브리서는 하나님의 아들을 밟고 "은혜의 성령을 욕되게 하는 자"의 당연히 받을 형벌에 대해 언급합니다(히브리서 10:29 참조). 욕되게 한다는 표현은 물건에 사용하는 것이 아니라 인격체에 사용하는 말입니다. 당신은 성령을 욕되게 할 수 있습니다.

성령을 속일 수도 있다. "베드로가 가로되, '아나니아야, 어찌하여 사단이 네 마음에 가득하여 네가 성령을 속이고 땅 값 얼마를 감추었느냐?…어찌하여 이 일을 네 마음에 두었느냐? 사람에게 거짓말한 것이 아니요 하나님께로다'"(사도행전 5:3-4). 아나니아와 그 아내 삽비라는 예루살렘 교회에 자기들의 모든 소유를 다 팔아 헌금하는 것처럼 꾸미기로 합의했습니다. 베드로는 이런 행동을 두고 성령을 속이는 것이라고 했습니다.

성령은 인격체인 까닭에 우리는 그분을 우리 마음대로 이용할 수 있는 무슨 능력으로 생각해서는 안 됩니다. 그분을 인격체로 생각지 않게 되면, 마치 전기처럼 우리가 이용할 수 있는 어떤 것으로 생각하기 쉽습니다. 성령이 인격체임을 알게 되면, 우리는 "어떻게 하면 내가 성령을 이용할 수 있을까?"라고 묻지 않고, "어떻게 하면 성령께서 나를 이용하실 수 있을까?"라고 묻게 됩니다. 성령께서는 우리의 명령을 받으실 분이 아니라 우리의 복종을 받으실 분이십니다. 성령께서는 우리가 원하는 것을 하도록 우리에게 능력을 주시는 분이 아니라, 그분이 원하시는 것을 하는 데 통로가 되는 특권을 우리에게 주시는 분이십니다.

성령은 하나님이시다

성령은 인격체이실 뿐만 아니라, 또한 하나님이십니다. 성령은 하나님의 종이나 대리인이 아니라 바로 하나님이십니다. 성령의 신성을 보여 주는 사실을 몇 가지 살펴보겠습니다.

1. 성령께서는 하나님이라 불리웁니다. 아나니아와 그 아내 삽비라가 사도들을 속이려고 했을 때, 베드로는 그들에게 "네가 성령을 속이고 땅값 얼마를 감추었느냐?…어찌하여 이 일을 네 마음에 두었느냐? 사람에게 거짓말한 것이 아니요 하나님께로다'"(사도행전 5:3-4)라고 말했습니다. 베드로는 성령을 "하나님"이라 불렀습니다. 신약성경 기자들은 구약성경에서 인용할 때 종종 여호와 하나님을 성령으로 바꿔 쓰곤 했습니다. 이런 식으로 그들은 구약성경의 하나님을 성령과 분명하게 동일시했습니다. (예레미야 31:33과 히브리서 10:15, 이사야 6:8-10과 사도행전 28:25-27을 비교해 보십시오.)

2. 성령께서는 하나님의 속성들을 가지고 계십니다. 성령께서는 오직 하나님께만 속하는 특성들을 지니고 계십니다.

   성령께서는 전능하십니다. 가브리엘 천사는 마리아가 메시야를 낳게 될 것이라는 소식을 전하기 위해 마리아에게 왔습니다. 마리아가 자기는 처녀인데 어떻게 그런 일이 있을 수 있겠느냐고 반문하자, 가브리엘은 "성령이 네게 임하시고 지극히 높으신 이의 능력이 너를 덮으시리니…대저 하나님의 모든 말씀은 능치 못하심이 없느니라"(누가복음 1:35-37)고 했습니다. "하나님께는 능치 못하심이 없다"는 말이 신약성경에 두 번 나오는데, 한 번은 육체적인 출생에 관련된 것으로서 천사가 마리아에게 한 말이요, 다른 한 번은 영적인 출생에 관련된 것으로서, 젊은 부자 관원이 실망해서 돌아가는 것을 보고 구원을 위한 요구 사항이 그렇게 힘들어서야 누가 구원을 받을 수 있겠느냐고 제자들이 예수님께 물었을 때 예수님께서 하신 답변 가운데 나옵니다. 천사는 마리아에게, 불가능한 것을 행하는 것이 성령의 일이라고 했습니다.

   성령께서는 전지(全知)하십니다. 고린도전서 2:10-11에서는 성령에 대해 "성령은 모든 것, 곧 하나님의 깊은 것이라도 통달하시느니라"고 기록하고 있습니다. 성령께 어떤 것을 가르칠 사람은 아무도 없습니다. 우리 속에 내주하시는 성령께서는 모든 것을 다 아신다는 사실을 알 때 경이로움을 느낍니다. 그분은 결코 놀라시거나 우리가 겪는 어떤 사건에 대비가 되어 있지 않거나 하는 일이 없으십니다. 우리가 모르는 것을 성령께서는 아십니다. 하나님의 목적을 이행하도록 우리를 이끌기 위해 성령께서 우리 속에 거하시기 때문에 우연한 사건이란 있을 수 없습니다. 언제나 성령께서는 우리에게 어떤 환경이 닥칠지를 미리 알고 계십니다.

성령께서는 편재(偏在)하십니다. 성령께서는 어디에나 계십니다. 다윗은 다음과 같이 썼습니다:

내가 주의 신을 떠나 어디로 가며
　주의 앞에서 어디로 피하리이까?
내가 하늘에 올라갈지라도 거기 계시며
　음부에 내 자리를 펼지라도 거기 계시니이다.
내가 새벽 날개를 치며
　바다 끝에 가서 거할지라도
곧 거기서도 주의 손이 나를 인도하시며
　주의 오른손이 나를 붙드시리이다.
　　　　　　　(시편 139:7-10)

이 시편 139편은 전체가 우리를 향한 하나님의 지극하신 관심을 노래하고 있습니다. 다윗은 자신을 하나님께서 어떻게 살피고 계시며, 어떻게 알고 계신지, 그리고 자기의 모든 것에 얼마나 정통하신지에 대해 말하고 있습니다. 심지어 출생하기 전에 이미 하나님께서는 그를 보셨으며, 그를 위한 계획을 세우셨고, 그를 위하여 정한 날이 하나도 되기 전에 그분의 책에 다 기록하셨습니다. 그리고 이 시편의 중반쯤에서 다윗은 자신이 성령을 떠나 도망할 수가 없다는 것을 말하고 있습니다. 아무도 하나님의 손이 닿지 않는 곳으로 갈 수 없습니다. 멀리 가면 갈수록 하나님께서 더 크신 분이심을 깨달을 뿐입니다. 이런 이유에서 하나님을 떠나 도망하는 것이 언제나 비극으로 끝나는 것만은 아닙니다. 사람들이 도망할 때 하나님께서는 그분의 광대하심에 대해 가르쳐 주십니다. 요나는 하나님의 지시를 뿌리치고 도망갔지만, 하나님의 크심을 깨닫게 되었습니다. 하나님께서는 환경을 주장하셔서 결국 요나가 하나님의 뜻을 따르지 않을 수 없도록 하셨던 것입니다.

성령께서는 영원하십니다. 히브리서 기자는 성령께서 영원하시다고 묘사하고 있습니다. "하물며 영원하신 성령으로 말미암아 흠없는 자기를 하나님께 드린 그리스도의 피가 어찌 너희 양심으로 죽은 행실에서 깨끗하게 하고 살아 계신 하나님을 섬기게 못하겠느뇨?"(히브리서 9:14).

3. **성령께서는 하나님만이 하실 수 있는 활동을 하십니다.** 오직 하나님만 하실 수 있는 수많은 활동들을 성령께서 하십니다.

성령께서는 창조하십니다. 성경의 처음부터 성령이 언급되어 있습니다. "땅이 혼돈하고 공허하며 흑암이 깊음 위에 있고 하나님의 신은 수면에 운행하시니라"(창세기 1:2). 시편 기자는 "주의 영을 보내어 저희를 창조하사 지면을 새롭게 하시나이다"(시편 104:30)라고 기록하였습니다. 삼위일체 하나님께서 창조에 참여하셨습니다. G. 캠벨 모건 박사는 「하나님의 영」이라는 저서에서, 하나님의 뜻은 하나님의 말씀에 나타나 있고, 하나님의 영에 의해 성취된다고 했습니다. 하나님 아버지께서는 자신의 마음과 우리를 향한 목적 등을 아들을 통해 표현하셨으며, 그래서 아들은 "말씀"이라고 불리워졌습니다(요한복음 1:1 참조). 그러나 그것은 성령에 의해 실현됩니다.

성령께서 과거에 무(無)에서 유(有)를 창조하셨다면, 당신의 삶으로부터 뭔가를 창조하시는 것은 그리 어려운 일이 아닙니다! 나는 하나님께서 우주를 창조하실 수 있었다는 것을 믿는 데는 별 어려움을 느끼지 않으면서도 하나님께서 자기들을 통해 뭔가 가치 있는 일을 하실 수 있다는 것을 믿는 데는 아주 어려움을 느끼는 사람들을 보면 답답하고 안타까운 마음을 느낍니다. 태초에 천지를 창조하신 분이 당신 속에 내주하시며 당신의 삶을 그분의 작업장으로 삼으십니다.

성령께서는 거듭나게 하십니다. 예수님께서는 "사람이 물과 성령으로 나지 아니하면 하나님 나라에 들어갈 수 없느니라"(요한복음 3:5)고 말씀하셨습니다. 바울은 "예수를 죽은 자 가운데서 살리신 이의 영이 너희 안에 거하시면 그리스도 예수를 죽은 자 가운데서 살리신 이가 너희 안에 거하시는 그의 영으로 말미암아 너희 죽을 몸도 살리시리라"(로마서 8:11)고 했습니다. 어떤 사람을 그리스도인으로 만드는 것은 인간이 하는 일이 아닙니다. 인간으로서는 불가능합니다. 우리가 할 수 있는 것은 단지 사람들을 예수 그리스도께로 데리고 오는 것뿐이요, 그분만이 그들에게 새로운 생명을 주실 수 있는 능력을 가지고 계십니다.

19세기의 유명한 설교자 찰스 스펄전은 어느 날 거리에서 술 취한 사람을 하나 만났는데, 그 사람은 자기가 스펄전에 의해 결신한 사람이었다고 비웃듯이 말했습니다. 이 말에 스펄전은, 그 사람이 스펄전의 결신자 가운데 하나일지는 모르나 분명히 하나님의 결신자는 아니라고 대답했습니다.

어떤 설교자나 전도자도 사람들을 결신케 할 수는 없습니다. 그가 하는 일은 단지 그리스도를 분명히 전하는 것이며, 성령께서 그들로 결신케 하며 거듭나게 하는 일을 하십니다.

성령께서는 절대주권을 가지고 계십니다. 영적 은사들을 주시는 것은 성령께서 하시는 일이라고 말하면서, 바울은 "이 모든 일은 같은 한 성령이 행하사 그 뜻대로 각 사람에게 나눠 주시느니라"(고린도전서 12:11)고 했습니다. 영적 은사들은 가지고 놀기 위한 장난감이 아니라, 가지고 일을 하기 위한 도구입니다. 성령께서는 교회가 머리이신 주 예수 그리스도의 계획들을 이행하기 위해 필요한 능력들을 교회에 공급해 주십니다. 영적 은사들은 교회를 위한 것이요 교회를 세우기 위한 것이지, 개인이 자기 유익을 위해 사용하도록 하기 위한 것이 아닙니다. 성령은 절대주권을 가지고 계시며, 그 뜻대로 은사들을 나눠 주십니다.

성령께서는 성경의 저자이십니다. 베드로는 "예언은 언제든지 사람의 뜻으로 낸 것이 아니요, 오직 성령의 감동하심을 입은 사람들이 하나님께 받아 말한 것임이니라"(베드로후서 1:20)고 했습니다. 베드로는 왜 성경 말씀이 그렇게 믿을 만한지를 설명하고 있습니다. 성경 말씀들은 그 내용 때문이 아니라 그 기원 때문에 믿어야 합니다. 우리가 성경을 진지하게 대해야 하는 것은 그것이 **무엇을** 말하고 있느냐 하는 것 때문이 아니라 **누가** 그것을 말하고 있느냐 하는 것 때문입니다. 우리가 성경이 말하고 있는 바를 좋아하기 때문에 성경을 받아들인다면 성경이 말하고 있는 바를 싫어하기 때문에 성경을 거부한다는 사람들보다 별로 나은 게 없습니다. 우리는 성경이 하나님의 말씀이기 때문에 받아들입니다. 성령은 하나님과 그분의 목적을 계시하십니다. 그러므로 그분이 하시는 말씀을 우리가 좋아하느냐 좋아하지 않느냐 하는 것은 부차적인 문제에 속합니다. 성경은 "성령의 감동하심을 입은" 사람들이 하나님께 받아 기록했기 때문에 성령께서는 성경을 만드는 일에 참여하신 것입니다.

하나님께서 위대한 일을 하실 때 언제나 성령께서 함께하셨습니다. 그것이 세상의 창조이든, 예수 그리스도의 수태, 삶, 죽음, 그리고 부활이든, 타락한 죄인의 중생(重生)이든, 이 일이 이루어지게 한 하나님의 능력은 성령을 통해 나타났습니다.

4. 성령께서는 하나님의 권위를 가지고 계십니다. 성령께서는 성부 및 성자와 동등하십니다. 승천하시기 직전 제자들에게 지상사명을 주실 때 예수님께서는 "그러므로 너희는 가서 모든 족속으로 제자를 삼아 아버지와 아들과 성령의 이름으로 세례를 주고"(마태복음 28:19)라고 하셨습니다. 삼위일체 하나님의 삼위 모두가 세계 복음화를 위한 프로그램의 배후에 계시며, 하나가 되어 함께 일하십니다.

고린도 교인들에게 보내는 두 번째 편지의 끝맺음 인사에서 바울은 "주 예수 그리스도의 은혜와 하나님의 사랑과 성령의 교통하심이 너희 무리와 함께 있을지어다"(고린도후서 13:13)라고 했습니다. 여기서 성령은 아버지와 아들과 동등한 지위로 언급되어 있습니다. 이것은 성령께서 하나님이심을 보여 줍니다.

삼위일체는 하나의 신비입니다. 서로 다른 신원과 서로 다른 역할을 가진 삼위가 있습니다. 삼위는 모두 하나님이십니다. 그러나 오직 한 분 하나님이 계십니다. 그럼에도 성부 하나님은 성자 하나님이 아니시며, 성자 하나님은 성령 하나님이 아니시며, 성령 하나님은 성부 하나님이 아니십니다. 그러나 삼위는 모두 한 하나님이십니다.

이것이 우리의 이해를 초월한다는 사실에 놀랄 것은 없습니다. 하나님이 하나님이시라면, 그분의 존재나 그분이 일하시는 방법이 우리의 제한된 이해의 한계를 벗어난다 해도 이상할 것이 없습니다. 만약 우리가 하나님을 완전히 이해할 수 있다면, 그분은 아주 크신 하나님은 아닐 것입니다. 그 존재에 있어서 하나님은 무한하십니다. 그분은 시작도 없고 끝도 없기 때문입니다. 이것은 우리의 이해를 초월합니다! 우리는 하나님께서는 그 하시는 일에서도 우리의 이해를 초월하신다는 것을 인정합니다. 하나님은 무에서 유를 창조하시는 까닭입니다. 이 또한 우리의 이해를 초월합니다! 이와 마찬가지로 삼위일체도 우리의 이해를 초월한다는 것을 인정해야 합니다.

하나님께서는 그분의 피조물의 어느 부분과도 유사하지 않은 면이 많습니다. 따라서 삼위일체를 정확하게 설명해 줄 수 있는 예화는 자연계에는 없습니다. 그러므로 우리는 계시된 것만을 알 수 있을 뿐이며, 계시된 것 이외에는 신비에 속합니다. "오묘한 일은 우리 하나님 여호와께 속하였거니와, 나타난 일은 영구히 우리와 우리 자손에게 속하였나니"(신명기 29:29). 우리는 단지 "오묘한 일"에 대해 추측할 수 있을 뿐인데, 이마저도 지혜로운 것이 아닙니다. 오직 우리는 "나타난 일"에만 관심을 가져야 합니다. 성령과 연관하여 "나타난 일"은 성령께서는 성부와 성자와 동등하신 하나님이시라는 것입니다.

성령과 그리스도

성령의 사역과 그리스도의 사역의 관계는 매우 중요합니다. 예수님께서는 제자들에게 "내가 아버지께 구하겠으니 그가 또 다른 보혜사를 너희에게 주사 영원토록 너희와 함께 있게 하시리니, 저는 진리의 영이라"(요한복음 14:16-17)고 말씀하셨습니다. 여기서 "또 다른"이라고 번역된 헬라어는 *allos*인데, "같은 종류의 또 하나"라는 의미를 가지고 있습니다. "또 다른"이라고 번역될 수 있는 것으로는 *heteros*라는 단어도 있는데, 이것은 "다른 종류의 또 하나"를 의미합니다. 당신이 찻숟가락을 가지고 있는데, *heteros*라는 단어를 사용하여 다른 숟가락을 가져 오라고 한다면, 당신은 밥 먹는 숟가락이나 플라스틱으로 된 숟가락 따위와 같이 다른 숟가락을 요청한 것입니다. 그러나 당신이 *allos*라는 단어를 사용했다면 당신이 이미 가지고 있는 것과 동일한 것을 요청한 것이며, 그 사람은 찻숟가락을 가지고 올 것입니다. 성령의 신분과 사역은 예수님과 동일합니다. 예수님의 일과 성령의 일 사이에는 어떤 종류의 불일치도, 마찰도, 충돌도 없습니다.

성경은 종종 "우리 안에 거하시는 그리스도"라는 표현과 "우리 안에 거하시는 성령"이라는 표현을 서로 바꿔 가며 사용합니다. 이것은 혼돈을 일으키거나 우리 속에 그리스도와 성령이 따로따로 거하시면서 서로 다른 역할을 담당하고 있다는 것을 말하려는 것은 아닙니다. 성령께서는 우리 속에서 예수 그리스도의 삶을 사시며, 우리를 통해 예수 그리스도의 성품을 나타내고 싶어하십니다. 성령의 임재와 역사는 온전히 그리스도 중심적이요 그리스도와 관련되어 있습니다.

성령의 가르침은 독창적인 것이 아니요, 예수 그리스도의 진리입니다. 예수님께서는 다음과 같이 말씀하셨습니다:"그러하나 진리의 성령이 오시면 그가 너희를 모든 진리 가운데로 인도하시리니, 그가 자의로 말하지 않고 오직 듣는 것을 말하시며 장래 일을 너희에게 알리시리라. 그가 내 영광을 나타내리니 내 것을 가지고 너희에게 알리겠음이니라"(요한복음 16:13-14). 성령은 우리로 그리스도를 의식하게 하십니다. 성령은 자신을 나타내는 것이 아니라 그리스도를 나타내십니다.

이것이 아마도 성령이 성경에서 개인적인 이름을 갖지 않으신 이유인지도 모릅니다. 우리는 성령의 직함을 통해 성령을 알고 있을 뿐 성령의 이름은 모릅니다. 왜냐하면 성령의 목적은 그리스도를 높이고 그리스도를 의식하게 하며 그리스도 중심의 삶을 살도록 이끄는 것이기 때문입니다. 내가 이런 설명을 하는 것은 성령의 존엄성이나 신성을 떨어뜨리기 위함이 아니라 성령께서 하시는 일을 알리고자 함입니다.

우리를 성부 하나님께로 인도하시는 것은 성자 하나님이십니다. 예수님께서는 "내가 곧 길이요 진리요 생명이니, 나로 말미암지 않고는 아버지께로 올 자가 없느니라"(요한복음 14:6)고 말씀하셨습니다. 우리로 아들을 알 수 있게 하는 이는 성령이십니다. "성령으로 아니하고는 누구든지 예수를 주시라 할 수 없느니라"(고린도전서 12:3). 성령께서는 그리스도를 우리에게 알리십니다. 그리스도를 알 때 우리는 아버지를 알게 되고, 또 아버지를 즐거워할 수 있게 됩니다.

그리스도를 아는 것이 우리의 새생명의 기초라면, 그리스도를 닮는 것은 우리 새생명의 증거가 될 것입니다. 그리스도의 성품에 대해서는 관심이 없고 성령의 능력만을 강조하는 신앙을 경계해야 합니다. 다음 장에서 살펴보게 되듯이, 성령께서는 우리 속에 그리스도의 성품을 창조하시며, 그리하여 우리와 함께하는 사람들이 그리스도를 알게 됩니다.

다음과 같은 이야기가 있습니다. 어떤 사람이 몇 년 간의 체류 예정으로 해외로 떠나면서 여자 친구에게 매일 편지를 해주겠다고 약속하고서는 성실하게 그렇게 했습니다. 그는 날마다 편지를 부쳤고 그녀는 날마다 편지 한 통을 받았습니다. 그가 드디어 귀국해 보니 그 여자 친구는 날마다 그의 편지를 배달해 준 집배원과 결혼해 있었습니다! 주 예수 그리스도께서 이 세상을 떠나실 때 예수님의 영광을 나타낼 성령을 보내주시기로 약속하셨습니다. 성령은 그 집배원과는 달리, 자기를 보내신 예수님의 영광을 추구하십니다. 성령은 자기를 나타내는 것이 아니라 예수 그리스도를 나타내십니다. 성령께서 당신의 마음에 그리스도를 향한 깊은 사랑을 심어 주시며, 당신의 성품을 통해 그리스도의 아름다움을 나타내시게 해드리십시오.

8

성령의 증거들

성령께서 당신 속에 내주하고 계신다는 것을 어떻게 압니까? 우리가 알아야 한다는 것은 분명합니다. 성령이 하나님이시고, 또한 자기 죄를 직시하고 회개한 사람들 속에 내주하신다면, 성령께서 내주하고 계신다는 증거가 나타나야 합니다. 성령께서는 주무시기 위해서가 아니라, 사시며 일하시기 위해 오십니다. 우리가 성령에 관해 믿는 바는 그것이 우리의 경험 가운데서 입증될 때 더 가치가 있습니다. 우리는 성경 말씀에서 보여 주는 성령에 대한 진리들을 알고 믿어야 하나, 그것만으로는 불충분합니다. 그 진리가 성경 책 속에서 나와서 우리의 경험이 되어야 합니다.

내가 방문하고자 하는 도시로 가는 버스의 출발 시간을 기록한 시간표를 하나 가지고 있다고 합시다. 그 시간표는 진실이며 정확하긴 하지만, 그것이 나를 그 도시로 데려다주지는 않습니다. 시간표가 진실이며 내가 거기서 정보를 얻는 것도 중요하지만, 오직 내가 그 시간표에서 알아낸 시간에 버스를 타서 그 도시로 감으로써 시간표에 나오는 정보가 나의 경험이 될 때라야 그 시간표가 진정으로 가치가 있게 됩니다.

많은 그리스도인들이 진리를 경험하는 것보다는 진리를 믿는 것에만 관심을 갖는 것은 애석한 일입니다. 나는 경험에 토대를 둔 기독교 신앙을 주장하고 있는 것이 아닙니다. 우리는 마땅히 성경에서 보여 주고 있는 진리에 견고한 기초를 두어야 하며, 그 진리들에 무엇을 더하거나 빼거나 해서는 안 됩니다. 그러나 우리는 신앙이 삶으로 나타나며 진리의 말씀을 삶에서 경험함으로써 성경의 진리가 삶에서 역사하는 것을 볼 필요가 있습니다.

3차 전도 여행 시에 에베소에 들른 사도 바울은 "제자"라 불리는 사람들을 만났습니다. 그는 그들에게 흥미 있는 질문을 했습니다. "너희가 믿을 때에 성령을 받았느냐?"(사도행전 19:2). 이 질문이 무슨 모호한 뜻을 지니고 있는 것으로 생각지 마십시오. 매우 직선적으로 묻고 있는 질문입니다. 그는 사실상 "너희는 그리스도인이냐?"라고 묻고 있습니다. 만약에 이런 식으로 물었다면 아마도 그리스도인이 된다는 말의 의미에 대한 잘못된 이해를 토대로 긍정적인 답변을 했을 것입니다. 그러나 그가 물은 질문은 그렇게 쉽게 얼버무려 넘길 수 있는 것이 아니었습니다. 그는 그들에게 교리적인 질문을 한 것이 아니고 그들의 개인적인 경험에 관하여 질문한 것입니다. 성령께서 그들 속에 오셔서 내주하고 계신다는 무슨 증거가 있었습니까? 그는 그들이 자신들의 경험을 토대로 하여 알기를 원했습니다.

후에 바울은 로마 교인들에게 "성령이 친히 우리 영으로 더불어 우리가 하나님의 자녀인 것을 증거하시나니"(로마서 8:16)라고 썼습니다. 우리의 매일의 삶에서 성령께서 임재해 계심을 보여 주는 주관적인 증거가 있어야 합니다.

요한은 "우리에게 주신 성령으로 말미암아 그가 우리 안에 거하시는 줄을 우리가 아느니라"(요한일서 3:24)고 했습니다. 요한은 또한 "그의 성령을 우리에게 주심으로 우리가 그 안에 거하고 그가 우리 안에 거하시는 줄을 아느니라"(요한일서 4:13)고 했습니다. 요한은 우리가 그리스도인임을 아는 것은 우리 안에 성령께서 거하신다는 것을 알 수 있기 때문이라고 합니다.

"당신이 그리스도인이면 틀림없이 당신 속에 성령을 모시고 있다"는 말을 우리는 들어 왔습니다. 옳은 말입니다. 그러나 정확하게 말한다면, "당신이 성령을 모시고 있다면 당신은 틀림없이 그리스도인이다"가 될 것입니다. 그리스도인인 것이 성령을 모실 수 있는 자격을 주는 것이 아니라, 마음속에 성령을 모신 것이 당신으로 그리스도인이 되게 하는 것입니다.

말장난으로 생각할지 모르지만, 이것은 중요합니다. 바울은 고린도 교인들에게 "너희가 믿음에 있는가 너희 자신을 시험하고 너희 자신을 확증하라. 예수 그리스도께서 너희 안에 계신 줄을 너희가 스스로 알지 못하느냐? 그렇지 않으면 너희가 버리운 자니라"(고린도후서 13:5)고 말했습니다. 바울은 "너희가 믿음에 있는가 성경을 시험하라"고 하지 않고, "너희 자신을 시험하라"고 했습니다. 우리는 우리 안에 성령께서 계신 증거를 기대해야 합니다.

성령의 내주에 대한 증거가 될 수 있는 것으로 어떤 것이 있을까요? 세 가지를 제시하고자 합니다. 그리고 나는 성령의 모든 역사는 이 세 가지 영역에 포함된다고 믿습니다. 이 짧은 장에서 우리 속에 내주하시는 성령의 역사에 대해 다 다룰 수는 없고, 그 속에서 성령께서 역사하고 계시는 사람에게서 찾아볼 수 있는 핵심적인 특징을 살펴보고자 합니다.

예수 그리스도를 알고자 하는 열망

성령의 내주에 대한 첫 번째 증거로는 예수 그리스도를 알고자 하는 새로운 열망입니다. 성령은 자신을 높이거나 영화롭게 하시지 않습니다. 성령께서는 그리스도를 높이고 영화롭게 합니다. 성령께서는 예수 그리스도께서 주님이심을 깨닫게 하며(고린도전서 12:3), 그리스도께서 하신 말씀을 생각나게 하고(요한복음 14:26), 그리스도에 대해 증거하며(요한복음 15:26), 그리스도의 영광을 나타내고(요한복음 16:14), 예수님의 것을 가지고 우리에게 알리는(요한복음 16:15) 등의 일을 하십니다.

그러므로 성령께서 어떤 사람의 삶 속에서 역사하고 계신다면 첫 번째 증거는 예수 그리스도께 매력을 느끼기 시작하는 것입니다. 예수님은 더 이상 신비적이거나 모호하거나 우리와 동떨어진 어떤 분이 아니라, 우리에게 실제적이고 현실적인 분이 됩니다. 이런 변화를 일으키는 분은 성령이십니다.

이 책을 쓰고 있는 지금, 우리 부부는 우리가 잘 아는 어떤 여성에게서 성령의 역사로 말미암아 그리스도께 대해 완전히 새로운 태도가 형성되는 것을 보고 있습니다. 우리는 그녀가 곧 그리스도와 개인적이고 생동적인 관계를 갖게 될 것으로 믿고 있는데, 그리스도께 대한 그녀의 변화된 태도는 이미 성령의 역사의 믿을 만한 증거가 됩니다.

그리스도인이라고 자처하는 사람들 가운데 많은 이들이 예수 그리스도에 대해 거북해하는 이유가 무엇입니까? 그들은 "교회"와 "모임"에 대해서 이야기하며, 심지어 기독교 교리의 세부적인 것까지도 이야기하나, 그리스도에 대해서는 잘 이야기하지 않으려 합니다.

잉글랜드 남부에서 집회를 인도한 적이 있었는데, 한 가족이 잠시 자기들과 함께 지내게 된 18세 소녀를 데리고 왔습니다. 이 소녀는 과거에 한 번도 복음을 접해 본 적이 없었습니다. 하나님께서는 그녀의 삶 속에 역사하기 시작하셨고, 그녀는 성경을 빌려서 하루 종일 읽었습니다. 우리가 열고 있던 집회에서 그녀는 영적인 식욕이 왕성해서 열심히 배웠으나, 한 가지 그녀가 이해할 수 없었던 것은 집회가 끝난 후 그 누구도 그리스도에 대해 대화를 나누기를 원치 않는 것 같더라는 것이었습니다. 사람들은 차를 들기 위해 잠시 머물면서 날씨나 휴가 계획, 집회에서 많은 사람들을 만나게 되어 기쁘다는 것 등에 대해선 이야기를 주고받으면서도 아무도 그리스도에 관해 이야기하기는 원치 않는 것처럼 보였습니다! 그 교회에도 분명 영적이며 경건한 사람들이 많이 있었기 때문에, 그 소녀의 말은 너무 일반화시킨 말이었겠지만, 그럼에도 종종 그 말은 사실입니다.

그리스도를 더 잘 알고 더 깊이 알고자 하는 열망이 없다면 성령이 내주하고 계시지 않거나 소멸되고 있거나 근심하고 있는 상태일 것입니다. 그리스도인의 삶이란 하나의 관계이지, 느낌은 아닙니다. 그것은 우리가 믿고 있는 어떤 것을 아는 것이 아니라, 바울의 말처럼 "나의 의뢰한 자를 내가 아는 것"입니다(디모데후서 1:12 참조). 하나님을 더 잘 알고자 하는 열망은 성령께서 우리 속에 계신다는 증거입니다.

누군가를 사랑한다는 첫 번째 징조 가운데 하나는, 사랑하는 그 사람을 더 잘 알고자 하는 강렬한 열망이 생기는 것입니다. 한 남자가 한 여자를 사랑하기 시작했다면, 그는 즐거이 그 여자에 대해 이야기하며, 그 여자에 대해 다른 사람들이 하는 말에 귀를 기울이며, 무엇보다도 그녀와 함께 가급적 많은 시간을 보내려 할 것입니다.

주 예수 그리스도를 더 잘 알고 더 사랑하고자 하는 열망이 당신 마음속 깊숙이 자리잡고 있습니까? 아마도 그러한 열망이 있다면, 그것은 성령께서 당신 속에 계신다는 증거가 됩니다.

그리스도를 알고자 하는 우리의 열망은 성경을 알고자 하는 새로운 열망으로 표현되기도 합니다. 성경은 그리스도를 보여 줍니다. 예수님께서는 헛되이 성경 공부를 하는 유대인들에게 이렇게 말씀하신 적이 있습니다:"너희가 성경에서 영생을 얻는 줄 생각하고 성경을 상고하거니와, 이

성경이 곧 내게 대하여 증거하는 것이로다. 그러나 너희가 영생을 얻기 위하여 내게 오기를 원하지 아니하는도다"(요한복음 5:39-40). 이들은 단지 성경 말씀을 알기 원하여 성경 말씀을 공부했으며, 그것은 그들에게 아무 유익도 되지 못했습니다! 예수님께서는 성경은 예수님 자신을 증거하는 것이기 때문에 성경 말씀을 공부하는 목적은 그리스도를 발견하는 것이어야 한다고 말씀하신 것입니다.

그렇기 때문에 성경을 매일 읽는 것이 좋습니다. 성경은 무슨 미신의 대상과 같아서 성경 읽기를 빼먹으면 그날 버스에 치인다거나 하는 것은 아닙니다. 우리가 성경을 읽는 것은 성경이 예수님을 증거하고 있고, 우리 마음속에는 그분을 더 깊이 알고자 하는 열망이 있기 때문입니다. 이 때문에 그리스도와 실제적인 관계를 맺고 있지 못하면 성경은 아주 따분한 책이 되고 맙니다. 성경은 오직 예수 그리스도에 비추어 볼 때만 이해가 됩니다. 사람들이 그리스도를 알기 위해 올 때 성경은 그들에게 전혀 새로운 책으로 부각됩니다.

나는 집을 떠나 멀리 여행할 때가 많은데, 몇 주 혹은 몇 개월씩 해외를 여행할 때도 있습니다. 그때에는 편지가 내게 매우 중요합니다. 아내의 편지를 받는 것은 기쁘고 즐거운 일이며, 나는 몇 번이고 그 편지를 읽습니다. 그러나 만약 그 편지를 읽어 보도록 다른 사람들에게 주었다면, 그들은 그것을 아마도 따분하게 여길 것입니다. 그들은 체면상 한 번은 읽어 보겠지만, 그것을 다시 한 번 읽거나 하지는 않을 것입니다. 그 이유는 간단합니다. 내 아내가 그들과 무관한 사람이기 때문입니다. 그러나 그들과는 달리 내가 그 편지를 읽고 또 읽는 것은 그 편지를 쓴 사람이 내가 알고 사랑하고 보살피는 사람이며, 그녀의 관심사는 곧 나의 관심사인 까닭입니다. 나는 가족들의 근황, 그곳의 날씨, 잘되어 가고 있는 일들과 잘못되어 가는 일들에 대해 관심을 가지고 있습니다. 편지 그 자체가 내게 매우 소중한 것은 그것이 보낸 이에 대해 알려 주기 때문입니다. 성경 말씀도 마찬가지입니다. 주 예수 그리스도께 대한 사랑은 당신을 늘 그분의 말씀인 성경으로 이끌 것이며, 기록된 모든 말씀은 살아 있는 말씀이신 주 예수 그리스도를 보여 줄 것입니다. 성령의 역사로 인해 성경을 읽고자 하는 열망이 줄어 들었다고 주장하는 이들이 있는데, 참으로 이해할 수 없는 말입니다. 성령의 역사는 우리를 그리스도께 보다 더 가까이 이끌며, 그리하여 우리를 하나님의 말씀인 성경으로 이끕니다.

예수 그리스도를 닮고자 하는 열망

성령을 모시고 있는 사람은 그리스도를 알고자 하는 열망뿐 아니라, 그리스도를 닮고자 하는 열망을 갖게 됩니다. 바울은 그리스도인의 삶에서 나타나는 "성령의 열매"에 대해 언급했습니다. 그것들은 "열매"이기 때문에 성령이 계시면 자연스럽게 맺힐 수밖에 없습니다. "오직 성령의 열매는 사랑과 희락과 화평과 오래 참음과 자비와 양선과 충성과 온유와 절제니"(갈라디아서 5:22-23). 이 아홉 가지 열매는 모두 우리 삶 속에서 성령의 역사의 결과로 나타나는 것입니다.

이 아홉 가지를 "성품"이라는 한 단어로 요약할 수 있겠습니다. 더 구체적으로 말한다면, 그것들은 예수 그리스도의 성품입니다. 왜냐하면 예수 그리스도의 삶에서 완벽하게 이러한 자질을 나타내셨던 그 성령께서 바로 우리 삶에서 동일한 자질을 나타내기 원하시기 때문입니다. 마귀는 성령의 은사들을 모조할 수는 있어도, 성령의 열매를 모조하지는 못합니다. 성령의 열매는 하나님의 성품 그 자체요, 마귀는 그것을 싫어하기 때문입니다.

변화된 성품은 세 가지 형태로 나타납니다.

(1) 사람들에 대한 변화된 태도
(2) 환경에 대한 변화된 태도
(3) 자기 자신에 대한 변화된 태도

1. 사람들에 대한 변화된 태도

성령의 열매 목록에서 제일 먼저 나오는 것은 "사랑"입니다. 그리고 나서 "자비, 양선, 충성, 온유"가 나옵니다. 이 모든 것은 사랑의 표현이며, 다른 사람들에 대한 우리의 태도에서 찾아볼 수 있어야 합니다.

예수님께서는 사랑이 우리가 예수님의 제자임을 나타내는 증거라고 하셨습니다. "너희가 서로 사랑하면 이로써 모든 사람이 너희가 내 제자인 줄 알리라"(요한복음 13:35). 그 이유는 명백합니다. 하나님은 사랑이시기 때문입니다(요한일서 4:8). 사랑이라는 증거는 하나님의 성품이 우리 안에서 회복되었다는 것을 보여 주는데, 그분의 형상을 회복하는 것이 구원의 목적이기도 합니다.

사랑을 나타내는 헬라어 단어가 몇 가지 있습니다. 하나는 여기서 사용된 것으로서 *agape*입니다. 이것은 감정적이라기보다는 의지적입니다. 즉 이것은 어떤 사람을 향한 느낌이나 감정이 아니라, 그를 향한 마음의 태도와 의지인 것입니다. 사도 바울이 이에 대해 잘 표현했습니다. "아무 일에든지 다툼이나 허영으로 하지 말고, 오직 겸손한 마음으로 각각 자기보다 남을 낫게 여기고, 각각 자기 일을 돌아볼 뿐더러 또한 각각 사람들의 일을 돌아보아…"(빌립보서 2:3-4). "자기보다 남을 낫게 여기라"는 말은 마치 우리 자신을 다른 사람들보다 못한 존재로 여겨야 한다는 말처럼 들릴 수도 있습니다. 그러나 이 말씀은 "각각 자기보다 남을 중요하게 여기고"라고 번역할 수도 있습니다. 다른 사람을 자기 자신보다 중요하게 여기는 것, 이것이 바로 아가페 사랑의 핵심입니다. 당신이 어느 누구로부터 사랑받고 있다는 증거는 당신이 그에게 중요한 존재라는 것을 느끼는 것입니다. 우리 속에서 역사하시는 성령으로 말미암아 다른 사람들이 우리에게 중요해지고, 그들을 향한 새로운 태도가 형성되는 것입니다.

사랑은 우리가 좋아하는 사람들을 향해 느끼는 감정 그 이상입니다. 그것은 상대방이 웬지 싫은 사람이든, 마음이 맞는 사람이든, "그와 함께 있을 때 내게 있어서 그는 나 자신보다 중요해"라고 생각하는 것입니다. 대부분의 사람들은 자기가 좋아하는 사람들과는 성령의 도움을 받지 않고서도 좋은 관계를 맺고자 노력하지만, 하나님의 사랑은 우리 인간의 사랑보다 훨씬 더 깊습니다.

한번은 인도에서 수양회를 인도한 적이 있습니다. 한 젊은이가 와서, 자기 교회의 젊은이들 가운데서 행하시는 성령의 놀라운 역사에 대해 말하면서, 특히 자기를 비롯한 젊은이들이 어떻게 진정한 사랑으로 결합되어 있는지를 말했습니다. 그 말이 좋게 들려서, 나는 나중에 말씀을 전하는 도중 잠깐 시간을 내어 그들의 경험을 나누도록 요청했습니다. 그가 이야기하는 동안, 나는 그가 교회의 젊은이들에 대해서만 언급하고 나이든 사람들에 대해서는 한 마디도 하지 않는다는 것을 알았습니다.

그날 저녁 나는 그 젊은이에게 그 교회에 나이든 사람은 없는지 물어 보았습니다. 그는 빙긋이 웃으며, "아, 그건 또 다른 얘기지요. 우리 교회에서 젊은이들과 나이든 분들은 주일 아침 예배 때를 제외하곤 함께 어울리는 일이 없습니다. 다른 모든 모임에서는 따로 모이지요"라고 대답했습니다.

나는 그가 비록 성령께서 자기들에게 서로에 대한 그토록 큰 사랑을 주셨다고 말했지만, 그것이 성령 때문이라고 생각하는 것은 아마도 오해인 것 같다고 말해 주었습니다. 비슷한 견해, 비슷한 배경, 비슷한 경험을 지닌 한 무리의 젊은이들은 성령 없이도 서로에 대한 사랑을 발전시킬 수 있습니다. 또한 교회의 나이든 사람들도 젊은이들을 완전히 이해할 수는 없기 때문에 젊은이들과 따로 모이는 것이 편하게 느껴져 자기들끼리만 모인다면, 이런 일은 성령의 도움 없이도 가능할 것입니다.

성령이 사랑의 원천이 될 때, 나이든 이들은 비록 젊은이들을 완전히 이해할 수는 없고 그들과 함께 있으면 불편함을 느낀다 해도, 그 젊은이들과 함께하는 것을 자신들끼리의 편안함보다는 더 중요하게 생각할 것입니다. 그들은 젊은이들을 세워 주며 섬기기를 원할 것입니다. 마찬가지로, 젊은이들도 특히 어떤 일에 대한 나이든 이들의 견해가 마음에 들지 않지만 그들을 사랑하게 될 것입니다. 젊은이들에게 있어서 나이든 이들은 그 자신들의 자유보다 더 중요하며, 그래서 그들은 나이든 이들을 기쁘게 하며, 그들로부터 배우며, 그들을 도와 주기를 원할 것입니다.

우리를 사랑하는 사람들만을 사랑하는 것을 예수님께서는 "이방인의 사랑"이라고 하셨습니다. "너희가 너희를 사랑하는 자를 사랑하면 무슨 상이 있으리요? 세리도 이같이 아니하느냐? 또 너희가 너희 형제에게만 문안하면 남보다 더하는 것이 무엇이냐? 이방인들도 이같이 아니하느냐?"(마태복음 5:46-47).

하나님의 사랑은 이미 우리가 어떤 사람들을 향해 가지고 있는 사랑만을 강화시킴으로서 사람들 사이의 대립을 심화시키지 않습니다. 하나님의 사랑은 자연적으로 형성된 장벽을 무너뜨리는 사랑입니다. 사랑은 의견의 차이를 회피하게 한다는 말은 아닙니다. 사랑으로써 우리는 의견의 차이들을 직시하고 다루어야 하는 것입니다. 사람들 사이에 의견의 차이가 있을 때, 진리와 확신을 희생시켜 가면서까지 사랑하는 것이 진정한 사랑은 아닙니다. 우리가 사랑이라고 생각하는 것을 위해 주된 견해 차이를 무시하면, 그 견해 차이들은 다시 부각될 것입니다. 사랑으로 우리는 그러한 차이들을 솔직히 그리고 안전하게 직접 다루어야 합니다. 의견의 차이가 있다 하더라도 상대방은 여전히 우리의 사랑의 대상이 되어야 하며, 그는 우리 자신보다 우리에게 더 중요합니다. 이러한 태도를 갖기 위해서는 성령의 도우심을 필요로 하며, 성령께서는 우리가 그러한 태도를 갖기를 원하십니다.

성경에서 사랑에 대한 고전적인 설명은 바울이 고린도 교인들에게 보낸 첫 번째 편지 가운데 나옵니다. "사랑은 오래 참고, 사랑은 온유하며, 투기하는 자가 되지 아니하며, 사랑은 자랑하지 아니하며, 교만하지 아니하며, 무례히 행치 아니하며, 자기의 유익을 구치 아니하며, 성내지 아니하며, 악한 것을 생각지 아니하며, 불의를 기뻐하지 아니하며, 진리와 함께 기뻐하고, 모든 것을 참으며, 모든 것을 믿으며, 모든 것을 바라며, 모든 것을 견디느니라. 사랑은 언제까지든지 떨어지지 아니하나"(고린도전서 13:4-8). 이 구절을 읽을 때 "사랑"이라는 말 대신에 "그리스도"를 넣어도 말이 아주 잘 통할 것입니다. 하나님은 사랑이시요, 예수 그리스도는 사랑의 하나님이 성육신하신 분이시기 때문입니다.

성령께서는 또한 당신과 나의 삶을 통해 사랑을 나타내기 원하십니다. 도전이 되고 부끄럽기도 하겠지만, 앞서 나온 고린도전서 13:4-8의 사랑이라는 낱말 대신에 당신의 이름을 넣어서 읽어 보십시오. 당황되는 정도가 곧 우리가 얼마나 솔직한지, 그리고 얼마나 성장해야 하는지를 보여 줍니다. 언젠가는 우리가 완전히 그리스도의 형상으로 회복되는 날이 이르기는 하겠지만, 이생에서는 완벽할 수가 없습니다. 이 세상을 살아갈 동안 그리스도의 형상을 닮는 것이 우리의 목표이며, 그리스도를 닮고자 하는 열망은 성령의 내주와 우리 속에서 행하시는 역사의 결과입니다.

바울이 열거한 성령의 열매에는 자비, 양선, 충성, 그리고 온유가 있습니다. 이러한 것들은 다른 이들에 대한 우리의 사랑과 관심의 실제적인 표현입니다.

예수님을 닮고자 하는 열망은 종교적이고 "난 너희들과는 달라" 하는 식의 느낌, 더러운 세상과는 격리시켜 자신의 고고함을 유지하려는 태도 등으로 나타서는 안 됩니다. 예수님을 닮는다는 것은 교회 안팎의 사람들에 대해 자신보다 중요한 사람으로 여기며, 그들의 진정한 유익을 위해서라면 어떤 힘든 일도 할 태세를 갖추는 것입니다.

2. 환경에 대한 변화된 태도

바울이 성령의 열매로 열거한 것들로 또 다른 것들은 희락, 화평, 오래 참음입니다. 우리는 모두 우리로부터 희락을 빼앗아가고, 화평을 깨뜨리며, 인내를 고갈시키는 어려운 환경들에 의해 상처받기 쉽습니다. 성령께서는 우리 문제들에 대해 새로운 태도와 시야를 갖도록 해줍니다.

그리스도인이라고 해서 어떤 사람들의 생각처럼 문젯거리들로부터 면제된 것은 아닙니다. 다만 그것들을 통과하며 극복할 수 있도록 무장되어 있을 뿐입니다.

희락(기쁨)은 흔히 말하는 행복감과는 다른 것입니다. 행복감은 환경에 의해 결정되는 안락한 느낌입니다. 만약 당신이 어느 무더운 날 한 손에 커다란 아이스크림을 들고 해변에 누워 있고 곁에는 사랑하는 사람이 앉아 있다면, 당신은 아마도 행복하다고 느낄 것입니다. 그러나 먹구름이 몰려와 태양을 가리고, 차갑고 굵은 빗방울이 떨어지고, 사랑하는 이는 일어나 빗방울을 피해 다른 곳으로 가고, 아이스크림은 모래 위에 떨어지고, 파도가 밀려와 당신의 옷을 흠뻑 적신다면, 당신의 행복감은 아마도 사라질 것입니다! 행복감이란 좋은 환경에 달려 있는 것이며, 피상적인 것입니다.

그러나, 희락(기쁨)은 이보다 훨씬 깊은 것입니다. 그것은 환경을 초월하여 하나님을 신뢰하는 것입니다. 빌립보 교인들에게 편지할 때 바울은 로마 감옥에 갇혀 있는 죄수였습니다. 그는 자신이 사슬에 매인 바 되었다고 했습니다. 그는 자기가 감옥에 있는 동안 자기에게 어려움을 더하기 위해 애쓰고 있는 사람들에 대해 이야기했습니다. 그는 또 그리스도의 십자가의 원수로 행하는 사람들로 인해 눈물을 흘린다고 했습니다. 그럼에도 같은 편지에서 그는 "주 안에서 항상 기뻐하라. 내가 다시 말하노니 기뻐하라"(빌립보서 4:4)고 썼습니다. 바울이 이렇게 말할 수 있었던 것은 그가 고난을 즐겼기 때문이 아니라, 고난 너머에 있는 것을 볼 수 있었고, 하나님의 선하심과 역사를 생각하며 기뻐할 수 있었기 때문입니다. 일이 어려울 때도 느헤미야는 "여호와를 기뻐하는 것이 너희의 힘이니라"(느헤미야 8:10)고 말할 수 있었습니다.

화평은 편안함과는 다른 것입니다. 그림 그리기 대회가 열렸는데, 그려야 할 그림의 제목은 "평화"였습니다. 두 명의 수상자가 결정되었습니다. 한 사람은 아름다운 경치를 그리되, 고요한 호수가 전면에 있고 그 배경에는 침엽수로 뒤덮인 언덕이 있고, 나무들은 호숫가에까지 들어서 있는데, 나무 그림자를 물 속에 드리우고 있습니다. 하늘에는 한두 점의 흰 구름이 흘러가고 있고, 전면의 호수에는 오리 한 마리가 몇 마리의 새끼와 함께 따스한 햇볕 아래서 유유히 떠다니고 있었습니다. 이 그림은 금상을 받았습니다.

또 한 사람은 폭풍우를 그렸습니다. 그림의 왼쪽에는 깎아지른 듯한 절벽이 있고, 바다의 파도가 격렬하게 그 절벽을 때리고 있었습니다. 절벽 꼭대기에는 나무가 한 그루 있는데, 바다에서 불어 오는 강풍을 못 이겨 거의 45도로 허리를 굽히고 있었습니다. 하늘은 먹구름으로 온통 뒤덮였고, 비는 억수같이 쏟아지고 있었으며, 그림의 우측 상단에는 번쩍이는 번개가 그려져 있었습니다. 바다에서 절벽 위쪽으로 약 3분의 2 되는 부분의 바위 사이에 틈이 있었습니다. 이 틈에 둥지가 있어 거기에 갈매기 한 마리가 눈을 감은 채 깃을 접고 앉아 있었습니다. 이 그림이 대상을 받았습니다.

하나님의 평화는 난관이 제거되고 없는 것을 의미하지 않습니다. 우리는 난관 속에서도 평화를 경험하며, 이는 마치 "바다에 큰 놀이 일어나 물결이 배에 덮이게 되었을 때"(마태복음 8:24)도 예수님께서는 배에서 베개를 베고 주무실 수 있었던 것과 같습니다. 모든 제자들은 겁에 질려 있었지만, 주님께서는 주무시고 계셨습니다. 제자들은 곧 주님을 깨워 자기들의 곤경을 돌아보시지 않는다고 불평을 늘어놓았습니다. 주님께서는 자신이 자연의 힘보다도 더 큰 힘의 소유자의 손에 있음을 알고 계셨고, 그래서 제자들의 믿음 없음을 꾸짖으셨습니다.

바울은 빌립보 교인들에게 "아무것도 염려하지 말고, 오직 모든 일에 기도와 간구로 너희 구할 것을 감사함으로 하나님께 아뢰라. 그리하면 모든 지각에 뛰어난 하나님의 평강이 그리스도 예수 안에서 너희 마음과 생각을 지키시리라"(빌립보서 4:6-7)고 했습니다. 그는 우리가 염려하게 되는 그런 환경이 있을 수 있다는 것을 인정했습니다. 염려하는 대신에 우리는 그 상황에 대해 하나님께 말씀드리고 맡길 수 있습니다. 우리는 하나님을 의뢰할 수 있으며, 하나님께서 그 상황을 돌보시기 때문에 더 이상 염려할 필요가 없습니다. 베드로는 이렇게 말했습니다: "너희 염려를 다 주께 맡겨 버리라. 이는 저가 너희를 권고하심이니라"(베드로전서 5:7). 겁먹고 벌벌 떠는 대신에 당신은 평화, 곧 "모든 지각에 뛰어난 하나님의 평강"을 소유하게 될 것입니다. 하나님께서는 문제로부터 도망가라고 우리를 초대한 것이 아니라, 능히 그 문제를 이길 수 있도록 해주시는 분이심을 보여 주기 위해 우리를 초대하신 것입니다.

오래 참음은 화평과 밀접한 관계가 있습니다. 우리의 화평은 현재 우리에게 일어나는 것들에 대해 염려할 때 위협을 받습니다. 일단 우리가 통과한 후 되돌아볼 수 있다면 우리는 그것들을 다르게 볼 것입니다. 인내는 우리로 현재의 상황 너머를 보며 기다릴 수 있게 도와줍니다. 우리에게 인내를 가르쳐 주는 것은 역경입니다. 바울은 "환난은 인내를 이룬다"(로마서 5:3)고 했습니다. 어느 유명한 목사에게 한 그리스도인이 찾아와서 자기는 인내를 키워야 할 필요가 많으므로 이를 위해 기도해 달라고 요청했습니다. 목사는 이 요청을 받아들여 함께 무릎을 꿇고 기도하기 시작했습니다. 목사는 주님께 그 사람의 삶 속에 시련을 허락해 주시며, 지금까지 경험한 적이 없는 환난 가운데로 그를 이끌어 주시도록 기도했습니다. 그러나 기도를 끝마치기도 전에 그 사람이 벌떡 일어서더니 "목사님, 그만 하세요. 전 이미 그런 건 겪을 만큼 겪었어요!"라고 외쳤습니다. 목사는 그 사람에게 "환난이 인내를 이룬다"는 것과 고난을 통해서만 인내를 배울 수 있다는 것을 설명해 주었습니다. 종종 우리의 어려움들은 가장 친절한 친구입니다. 그것들은 우리에게 많은 것을 가르쳐 주기 때문입니다.

우리 삶에서 성령의 임재는 환경에 대한 새로운 태도로 표현되며, 그 결과 희락, 화평, 오래 참음이 우리의 특징이 될 것입니다.

3. 우리 자신에 대한 변화된 태도

성령의 내주로 말미암은 열매 가운데 하나는 "절제"입니다. 성령께서는 우리로 하여금 자신을 제어할 수 있게 해주십니다. 우리를 제어하려고 위협하는 것들이 많이 있습니다. 우리의 습관, 탐욕, 이기심, 자존심 등 많은 것들이 우리를 주관하려고 합니다. 그러나 성령께서는 우리 자신을 제어할 수 있게 해주시며, 충동적으로 행동하는 것을 막으시고 스스로를 제어할 수 있도록 도와 주십니다. 이것이 진정한 자유입니다. 솔로몬은 "자기의 마음을 제어하지 아니하는 자는 성읍이 무너지고 성벽이 없는 것 같으니라"(잠언 25:28)고 했습니다.

이러한 성령의 열매들은 그 어느 것도 저절로 열리지는 않습니다. 수고가 필요합니다. 성령께서 열망과 능력을 주시지만, 그렇다고 해서 우리가 이 모든 영역에서 훈련을 해야 할 필요성을 배제하는 것은 아닙니다. 베드로는 "그의 신기한 능력으로 생명과 경건에 속한 모든 것을 우리에게 주셨으니, 이는 자기의 영광과 덕으로써 우리를 부르신 자를 앎으로 말미암음이라.…이러므로 너희가 더욱 힘써 너희 믿음에 덕을, 덕에 지식을, 지식에 절제를, 절제에 인내를, 인내에 경건을, 경건에 형제 우애를, 형제 우애에 사랑을 공급하라"(베드로후서 1:3-7)고 했습니다. 그리스도 안에서 갖게 된 생명과 경건에 속한 모든 것을 토대로 하여 우리는 이러한 성품들이 우리 실제 삶 속에서 나타나게 하기 위해 "더욱 힘써야" 하는 것입니다.

그러므로 성령의 역사 가운데 하나는 우리 속에 예수 그리스도를 닮고자 하는 열망을 불러일으키는 것이며, 이로써 그리스도의 삶을 매력적으로 만들고 하나님을 기쁘시게 했던 특성들이 점차 우리 삶에서도 나타나게 될 것입니다.

우리는 성령의 꽃이 아니라 성령의 열매에 대해 살펴보았습니다. 꽃과 열매 사이에는 차이가 있습니다. 꽃은 장식적입니다. 그것들은 보기에 아름답고, 꽃이 주위에 있으면 분위기가 좋아집니다. 그러나 열매는 배고픈 사람들이 먹기 위한 것입니다. 우리는 그리스도인들을 아름답게 보이게 하는 특성들에 대해 말하고 있는 것이 아니라, 그들로 하여금 다른 이들의 필요를 채울 수 있게 하는 특성들에 대해 말하고 있습니다. 사랑에 굶주린 사람들은 우리에게서 사랑이라는 열매를 따 먹을 수 있어야 합니다. 희락, 화평, 그리고 오래 참음을 필요로 하는 사람들은 우리 삶 속에 있는 그러한 특성들로부터 유익을 얻을 수 있을 것입니다. 자신들의 삶에서 제어할 수 없는 것들로 인해 실망하고 곤비함을 느낄 때, 우리의 안정성과 절제를 보고 희망을 갖는 이들도 있을 수 있습니다. 성령은 다른 사람들이 와서 따 먹을 수 있도록 우리 삶에서 열매를 맺으십니다. 당신은 그렇게 되기 위한 준비가 되어 있습니까? 우리는 섬기기 위해 무장되고 있으며, 그것은 성령께서 우리 삶에서 역사하신다는 세 번째 증거 곧 예수 그리스도를 섬기고자 하는 열망과 관계가 있습니다.

예수 그리스도를 섬기고자 하는 열망

성령께서 우리에게 오시는 것은 우리를 통과하여 흐르기 위함입니다. 예수님께서는 초막절 마지막 날에 서서 "누구든지 목마르거든 내게로 와서 마시라. 나를 믿는 자는 성경에 이름과 같이 그 배에서 생수의 강이 흘러

나리라"(요한복음 7:37-38)고 외치셨습니다. 요한은 이렇게 덧붙여 설명했습니다:"이는 그를 믿는 자의 받을 성령을 가리켜 말씀하신 것이라"(요한복음 7:39). 예수님께서는 성령이 믿는 자의 속에서 흘러 나오는 생수의 강과 같다고 묘사하셨습니다. 성령이 우리 삶 속에 부어지는 것은 컵에 물이 부어지는 것과 같은 것이 아니요, 파이프에 물이 부어지는 것과 같습니다. 컵은 물이 차면 더 이상 부을 수 없습니다. 그러나 파이프에는 무엇이라도 부으면 그것을 통과하여 흐릅니다. 우리 삶도 그러합니다. 성령이 내주하고 계시는 징표는 하나님께서 우리를 통해 다른 사람들을 축복하고 부요케 하시기를 원하는 우리의 열망입니다. 자기의 유익을 먼저 생각하는 것은 그리스도인의 삶과는 무관하며, 성령의 역사와도 무관합니다.

　예수님께서 제자들에게 성령과 더불어 주시기로 약속하신 권능은 증거하기 위한 권능이었습니다. "오직 성령이 너희에게 임하시면 너희가 권능을 받고, 예루살렘과 온 유대와 사마리아와 땅 끝까지 이르러 내 증인이 되리라 하시니라"(사도행전 1:8). 예수님께서는 권능 그 자체를 위한 권능을 주시기로 약속하지 않으셨습니다. 성령을 통해 권능을 주시는 것은 우리를 무장시켜 오직 주 예수 그리스도를 세계 만방에 증거함으로써 하나님을 섬기고 하나님의 계획을 수행하도록 하기 위함입니다. 성령께서 내주하고 계신다면 당신은 성령을 소멸치 않고 있는 한 예수 그리스도를 섬기고자 하는 새로운 열망을 느끼게 될 것입니다.

　우리에게 영적 은사들이 주어지는 것은 그리스도를 섬기도록 하기 위한 것입니다. 신약성경에 영적 은사로 묘사되고 있는 것이 스물두 가지가 있습니다. 이것이 모든 영적 은사를 다 열거한 것으로는 보기 힘듭니다. 우리가 영적 은사로 인정하고 있는 것 가운데 성경에 한 번도 언급되어 있지 않은 것도 있습니다. 신약성경에 보면, 찬송하는 은사나, 찬송가 작시의 은사, 또는 상담하는 은사를 언급한 곳이 한 곳도 없지만, 우리는 이런 것들이 그리스도의 몸 된 교회를 세우며 성장시키는 데 있어서 매우 가치 있는 은사임을 알고 있습니다. 모든 영적 은사들은 예수 그리스도를 효과적으로 섬기도록 우리를 준비시키고 무장시키기 위해 주어졌습니다.

베드로는 "각각 은사를 받은 대로 하나님의 각양 은혜를 맡은 선한 청지기같이 서로 봉사하라"(베드로전서 4:10)고 했습니다. 바울은 "각 사람에게 성령의 나타남을 주심은 유익하게 하려 하심이라"(고린도전서 12:7)고 했습니다. 성령의 은사들은 결코 자기 만족이나 개인적인 용도를 위해 주어진 것이 아니라, 예수 그리스도의 몸을 세우기 위한 것입니다.

이러한 사실에 비추어 볼 때 나는 "은사 중심적"이 되는 것은 잘못이라고 믿습니다. 우리는 오히려 "봉사 중심적"이 되어야 합니다. 나는 누구에게 "당신의 영적 은사는 무엇입니까?"라고 묻는 것은 타당하지 않다고 생각합니다. 우리는 "당신은 주 예수 그리스도를 섬기기 위해 무엇을 하고 있습니까?"라고 물어야 합니다. 나는 나의 은사가 무엇인지 따져 보려 한 적이 없습니다. 나는 단지 내가 섬길 수 있는 것은 어디서든 섬기며, 하나님께서 내게 하라고 주신 것을 하기 위해 애를 씁니다. 이렇게 하는 가운데서 우리는 어떻게 자신이 유용하게 사용될 수 있으며, 자신의 은사나 능력이 무엇인지를 깨닫게 된다고 믿습니다. 자신들의 은사를 알아내는 법을 물어 오는 사람들을 만나면 안타까운 생각이 듭니다. 나는 그들이 어디서 어떻게 그리스도를 섬길 수 있겠는지 물어 왔으면 합니다. 우리가 주님을 위해 바빠질 때, 곧 자신의 능력이 어떤 것인지 깨닫게 되기 때문입니다.

가령 당신이 대청소를 하려는 한 무리의 사람들 가운데 있다고 합시다. 책임을 맡은 사람은 청소를 시작하기에 앞서 이렇게 말할 것입니다: "우리 인원은 십여 명이 되고, 이 일을 효율적으로 하기 위한 청소 도구들로 진공 청소기 두 대, 빗자루 하나, 걸레 하나, 페인트 칠 붓 두 개, 유리창 세척제 한 병, 그리고 작업복 두 벌이 준비되어 있습니다. 자, 각자가 필요한 것을 취해 청소를 합시다."

이것이 아마도 고린도 교인들에게 "신령한 것을 사모하라"(고린도전서 14:1)고 할 때 바울이 했던 생각일 것입니다. 그는 해야 할 일이 있는데, 하나님께서는 그 일을 성취할 수 있도록 우리에게 여러 가지 재능들을 주셨으며, 그래서 우리는 하나님의 프로그램에 참여하며 그 일을 수행하기를 사모해야 한다고 말한 것입니다. 진공 청소기를 잡은 사람이 걸레를 잡은 사람보다 더 중요한 것이 아닙니다. 그들은 모두 한 가지 일을 성취하기 위해 서로 다른 기능을 발휘하고 있습니다. 하나님께서는 당신이 해야 할 일을 마련해 두셨으며, 그분을 섬기는 것은 큰 특권입니다. 성령께서 당신 속에 내주하시고 계신다는 것은, 성령께서 당신에게 하나님을 섬기려는 열망과 하나님을 섬길 수 있도록 능력을 주시는 것에 의해 입증됩니다.

성령께서 하시는 일에 대해서는 더 이야기할 것이 많이 있지만, 여기서의 목적은 우리 속에서 일하시는 성령의 증거에 대해 살펴보는 것입니다. 당신의 마음속에는 주 예수 그리스도를 섬기며 그분을 기쁘시게 해드리는 일들을 하고자 하는 열망이 있습니까? 그것이 바로 성령께서 내주하고 계신다는 증거의 하나입니다.

성령께서 주시는 열망은 많지만, 그분의 역사는 그리스도 중심이기 때문에 그 열망들은 모두 이 세 가지 영역에 부합될 것입니다 - 예수 그리스도를 알고자 하는 열망, 예수 그리스도를 닮고자 하는 열망, 예수 그리스도를 섬기고자 하는 열망.

어떤 것에 대해 열망을 갖는다는 것은 그것을 필요로 하고 원하는 것입니다. 예수님께서는 "의에 주리고 목마른 자는 복이 있나니 저희가 배부를 것임이요"(마태복음 5:6)라고 하셨습니다. 우리는 세 가지 열망 가운데 어느 하나도 완전한 수준에 도달하지는 못했으며, 다만 그렇게 되고자 하는 열망만을 가지고 있습니다. 예수님께서는 "의로운 자는 복이 있다"라고 하지 않으시고, "의에 주리고 목마른 자는 복이 있다"라고 하셨습니다. 그리고 그들이 "배부를 것이라"고 약속하셨습니다. 성령께서 예수 그리스도의 인격과 관심사 가운데로 우리를 점점 더 깊숙이 이끄심에 따라, 예수님을 알고 예수님을 닮고 예수님을 섬기고자 하는 우리의 '주림과 목마름'은 더욱더 '배부름'을 얻게 될 것입니다. 이것이 성령께서 우리 안에 거하신다는 증거입니다.

9

믿음으로 사는 삶

그리스도인들이 쓰는 용어 중에 가장 오해가 많은 몇 개만 열거하라고 한다면, 나는 제일 먼저 "믿음"을 들겠습니다. 이것은 우리에 삶에 자유와 능력을 가져다 주는, 그리스도인의 삶의 핵심적인 요소를 지칭하는 말입니다. 그럼에도 이것은 사람들에게 좌절과 실망과 심지어 죄책감을 안겨 주기도 해온 말입니다.

진리가 체험으로 변화되는 것은 믿음에 의해서이며, 믿음이 없이는 진리는 모호하고, 비실제적이고, 이론적인 것으로만 남아 있게 됩니다. 히브리서 기자는 구약의 이스라엘 백성과 당시 그 편지를 읽는 그리스도인들을 비교했습니다. "저희와 같이 우리도 복음 전함을 받은 자이나, 그러나 그 들은바 말씀이 저희에게 유익되지 못한 것은 듣는 자가 믿음을 화합지 아니함이라"(히브리서 4:2). 두 그룹의 사람들이 동일한 진리를 들었습니다. 한 그룹의 사람들에게는 그 진리가 아주 가치가 있었으나, 다른 그룹의 사람들에게는 아무 가치가 없었습니다. 이유는 무엇입니까? 한 그룹의 사람들은 자기들이 알고 있는 것에 믿음을 화합했고, 다른 그룹의 사람들은 그렇게 하지 않았습니다. 진리로 하여금 역사하게 하고 삶에서 효과적이 되게 만든 것은 진리와 믿음의 결합이었습니다.

그리스도인의 삶에서 믿음은 없어서는 안 될 요소입니다. 성경은 우리가 믿음으로 죄 씻음을 받았고, 믿음으로 구원받았으며, 믿음으로 의롭다 하심을 받았고, 믿음으로 하나님께 나아갈 수 있게 되었다고 말합니다. 믿음으로 구원받은 우리는 또한 믿음으로 살아야 하며, 믿음으로 행해야 함을 알게 됩니다. 그렇게 하는 과정에 우리는 믿음의 선한 싸움을 싸워야 하며, 믿음의 방패를 가져야 하고, 믿음으로 세상을 이겨야 합니다. 그리고 우리는 믿음이 없이는 하나님을 기쁘시게 못하며, 믿음으로 좇아 하지 아니하는 모든 것이 죄임을 깨닫게 됩니다. 그러므로 우리가 믿음에 대해 그 외의 어떤 다른 생각을 한다 할지라도 믿음이 중요하다는 데는 이의가 없어야 합니다. 더 나아가, 우리가 그리스도인의 삶을 사는 데 어려움을 지니고 있다면, 거의 틀림없이 그 어려움은 우리의 믿음의 발휘 혹은 믿음의 결핍과 관계가 있을 것입니다.

믿음이란 무엇인가?

믿음을 정의하기에 앞서 믿음에 관하여 흔히 가지고 있는 두 가지 잘못된 생각에 대해 언급하고자 합니다.

먼저, 믿음은 신비한 힘이 아닙니다. 어떤 사람들은 믿음을 하나의 힘으로 생각합니다. 어떤 것을 굳게 믿으면 실제로 그렇게 된다는 것입니다. 한번은 내가 "오늘 날씨가 좋지 않을 것 같다"라고 했더니 어떤 사람이 나를 나무랐습니다. 내가 "멋있는 날씨가 될 것 같다"라고 말했어야 했다는 것입니다. 영국 북부의 한여름이어서 간밤에는 밤새도록 비가 왔고, 구름은 짙게 뒤덮고 있었으며, 여전히 비를 뿌리고 있었고, 일기 예보에서도 계속 비가 올 것이라고 했습니다. 이러한 사실들에 기초하여 나는 날씨가 좋아질 것처럼 보이지는 않으며, "좋지 않은 날씨"가 될 것이라고 했던 것입니다.

멋있는 날씨가 될 것이라고 말했어야 한다는 말을 듣고, 나는 "하지만 그렇지 않습니다. 날이 썰렁하고 비를 뿌리고 있으며, 일기 예보에서도 하루 종일 비가 내릴 것이라고 했습니다"라고 주장했습니다.

"그렇지만 당신은 좋은 날씨가 될 것이라고 말해야 합니다"라고 그가 주장했습니다.

"왜 그렇습니까?" 하고 내가 물었습니다.

"그것이 믿음입니다. 맑은 날씨가 될 것이라고 당신이 믿으면 맑은 날씨가 될 것입니다."

그러나 그것은 믿음이 아닙니다. 그것은 소망적 사고일 것이며, 믿음보다는 바보스러움에 더 가깝습니다. 날이 썰렁하고 비를 뿌리고 있는 게 사실이라면 아무리 햇볕이 내리쬘 것이라고 "믿는다" 해도 날은 계속 썰렁하고 비가 올 것입니다. 어떤 것을 믿는 것이 사실을 변화시키지는 않습니다. 믿음이란 굳은 신념에 의해 어떤 일이 일어나게 하는 신비한 힘이 아닙니다.

둘째로, **믿음은 사실의 대용물이 아닙니다.** 믿음은 그것이 사실을 기초로 할 때라야만 유효합니다. 그리고 믿음은 그 자체로만 존재할 수는 없으며, 반드시 믿음의 대상이 있어야만 합니다.

이 점에서 믿음은 사랑과 비슷합니다. 사랑은 어떤 사물 또는 어떤 사람이라는 대상이 있어야만 합니다. 얼굴에 수심이 가득한 어떤 여성을 만났다고 합시다. 당신이 그녀에게 무슨 일인지 물어 보자, 그녀는 "전 사랑에 빠졌어요"라고 대답합니다.

"누구와죠?"라고 당신이 묻습니다.
"아, 그 누구와도 아니에요. 전 단지 사랑에 빠져 있을 뿐이에요"라고 그녀가 대답합니다.
이런 일이 있을 수 있을까요? 있을 수 없을 것입니다. 이런 일이 있을 수 있다 해도 그것은 사랑이 아닐 것입니다. 사랑은 어떤 사람이 혼자서 느끼는 감정이 아니며, 어떤 사람이나 어떤 사물이라는 대상이 있어야 하는 것입니다.
믿음도 이와 유사합니다. 믿음은 눈을 감는 것이나, 주먹을 불끈 쥐는 것이나, 없는 어떤 것을 있다고 믿는 것이 아닙니다. 오히려 믿음은 어떤 대상에 대한 신뢰의 태도이며, 이로 인해 그 대상은 기능을 발휘하게 됩니다. 만약 내가 내 차에 믿음을 둔다면, 나는 그 차에 대해 신뢰의 태도를 가질 것이며, 이로 인해 나는 그 차에 몸을 실을 것이며, 그 차는 나를 목적지까지 데려다 줍니다. 그 차는 자기 기능을 발휘하게 된 것입니다. 기꺼이 그 차에 올라 내 몸을 맡기게 하고, 그 차로 하여금 나를 실어 나를 수 있게 한 것은 그 차에 대한 나의 믿음입니다.
믿음을 두는 대상이 그 믿음이 효과가 있을지 그 여부를 결정합니다. 가령 내가 약한 의자에 큰 믿음을 두고 거기에 앉기로 결정했다면, 그 의자는 부서져서 나는 다치게 될 것입니다. 문제는 나의 믿음의 결핍이 아니라, 내가 믿음을 둔 대상인 의자가 약하다는 데 있습니다. 아무리 믿음이 크다 해도 믿음을 둔 대상이 약하다면 아무 소용이 없습니다. 거꾸로 작은 믿음이 강한 대상의 능력을 줄이지도 않습니다. 두꺼운 얼음에 작은 믿음을 두고, 내가 구명 조끼를 입고 한쪽을 나무에 단단히 묶은 밧줄을 손에 잡고 유서도 작성하여 맡기고 매우 조심스럽게 얼음 위에 올라 선다 해도 그 얼음이 꺼지지는 않을 것입니다. 이것은 내가 큰 믿음을 가졌기 때문이 아니라, 내가 믿음을 둔 대상이 강하기 때문입니다. 믿음에 관해서 가장 중요한 것은 믿음이 아니라 믿음을 두고자 하는 대상입니다. 믿음은 그 대상이 우리를 위해 기능을 발휘하며 일할 수 있게 합니다.

그리스도인의 삶에서 우리 믿음의 대상은 주 예수 그리스도이십니다. 믿음을 발휘한다는 것은 그분을 향해 신뢰의 태도를 갖는 것이며, 이로 인해 그분은 우리에게 구주와 주님이 되시고, 그분이 하고자 하시는 일을 행하십니다. 성경이 우리는 "믿음에 의해 구원받았다"고 할 때 그 의미는 우리는 자신을 구원할 능력이 전혀 없다는 것을 인정한다는 것입니다. 그리스도를 의지하는 가운데 우리는 "예수님, 저는 제 자신을 구원할 수 없습니다. 그러나 예수님께서는 저를 구원하실 수 있습니다. 저는 예수님께서 그렇게 해주시리라 믿습니다"라고 말할 수 있습니다. 그리스도에 대한 우리의 믿음의 결과는 그분이 일하실 수 있는 것입니다. 믿음을 발휘한 결과로 주님께서는 우리를 위해, 우리 안에서, 우리를 통해 일하실 수 있는 것입니다.

그리스도인의 삶은 이런 식으로 영위되도록 계획되었습니다. 많은 그리스도인들이 그리스도께서 자신들을 구원해 주셔야 할 필요성은 인정합니다. 그들은 사람이 **믿음으로** 말미암아 그리스도인이 된다는 것을 알고 있습니다. 그러나 **믿음으로** 그리스도인이 되는 것과 마찬가지로 믿음으로 매일매일 살아야 한다는 것을 인정하지 않을 때 문제가 발생합니다.

이 문제 때문에 사도 바울은 갈라디아 성도들에게 "너희가 성령을 받은 것은 율법의 행위로냐, 듣고 믿음으로냐?"(갈라디아서 3:2)라고 묻게 된 것입니다. 이것은 기본적인 질문입니다. 우리는 우리 자신의 노력과 능력을 기초로 성령을 받습니까, 아니면 믿음에 의해 받습니까? 믿음에 의해 받는다는 것이 정답입니다. 바울은 계속해서 "너희가 이같이 어리석으냐? 성령으로 시작하였다가 이제는 육체로 마치겠느냐?"(갈라디아서 3:3)라고 묻습니다. 바울은 "어리석은 자들이여, 여러분은 믿음에 의해 성령을 받아야 한다는 것을 인정하여 그렇게 하고서는, 마치 하나님께서 곁에 서서 구경만 하시고 실제로 삶에서 함께하시지는 않는 것처럼 여러분 자신의 능력으로 그리스도인의 삶을 살려고 애를 쓰고 있습니다!"라고 말하고 있는 것입니다.

이것은 너무나 심각한 잘못이기 때문에 바울은 그들이 "꾀임받았다"(갈라디아서 3:1)라고 묘사하기까지 했습니다. 그리스도인의 삶에 대해서 깨닫는 가장 중요한 것 가운데 하나는, 그리고 마귀가 다른 어느 것보다도 깨닫지 못하게 하려고 애쓰는 것은, 신앙 생활에 예수 그리스도가 절대적으로 필요하다는 사실입니다. 만약에 그리스도인의 삶이 단지 우리가 하나님을 위해 사는 것 정도라면, 다른 종교나 별 차이가 없을 것이며, 그것들처럼 따분하고 율법적이 될 것입니다. 그러나 그리스도인의 삶이란, 우리가 하나님을 위해 사는 것이 아니라, 하나님께서 우리 속에서 사시는 것입니다. 그리스도인의 삶은 처음부터 끝까지 하나님의 능력을 믿는 삶입니다.

많은 그리스도인들이 "믿음으로 산다"는 표현은 고정된 수입이 없이 하나님을 섬기도록 부름받아, 자신들의 재정적인 필요와 육체적인 필요를 채움받는 데 있어서 전적으로 하나님을 의뢰할 수밖에 없는 이른바 전임 사역자들에게나 해당되는 말로 이해하고 있는 것은 참으로 애석한 일입니다. 하나님께서는 많은 사람들을 이와 같은 환경 가운데로 부르시기도 하지만, 이러한 환경에서 사는 것만 "믿음으로 사는 것"이라고 부르는 것은 잘못입니다. 모든 그리스도인이 믿음으로 살도록 부름받았습니다. 이것은 우리가 어디서 물질적인 필요를 공급받느냐와는 별로 관계가 없거나 전혀 관계가 없고, 하나님께 대한 우리의 태도와 밀접한 관련을 가지고 있습니다.

믿음으로 살지 않으면 죄 가운데 사는 것입니다. 왜냐하면 "믿음으로 좇아 하지 아니하는 모든 것이 죄니라"(로마서 14:23)라고 했기 때문입니다. 누군가가 자신이 "믿음으로 살고 있다"고 한다면, 그는 자신이 "죄 가운데 살고 있지 않다"라고 말하고 있는 것입니다. 믿음으로 사는 것이야말로 모든 그리스도인의 삶의 기초가 됩니다. 믿음으로 하나님을 의지하며 살지 않는다면, 하나님과 관계 없이 독립적으로 사는 것입니다. 독립적인 태도야말로 죄의 핵심입니다.

성령의 사역에 대해 말씀하시면서 예수님께서는 "그가 와서 죄에 대하여…세상을 책망하시리라. 죄에 대하여라 함은 저희가 나를 믿지 아니함이요"(요한복음 16:8-9)라고 하셨습니다. 죄란 예수 그리스도께 대한 믿음에서 나오지 않은 모든 것입니다.

여기서 우리는 또한 "믿음"이라는 단어를 정의할 필요가 있습니다. 이는 믿음이라는 말이 두 가지로 사용될 수 있기 때문입니다. "스코틀랜드의 네스 호의 괴물을 믿는가?"라는 질문과 "아스피린을 믿는가?"라는 질문은 종류가 다른 질문인 것입니다.

네스 호의 괴물을 믿느냐고 묻는 것은, 네스 호에 목이 길고 등에 혹이 낙타처럼 둘 있는 괴물이 숨어 살고 있어서 사람들이 탐색하러 가기만 하면 사라졌다가 가끔 다시 나타나곤 한다는 사실을 당신이 믿는지를 묻는 것입니다. 당신의 대답은 "예"일 수도 있고 "아니오"일 수도 있습니다. 당신은 그 괴물의 존재를 믿거나 또는 믿지 않을 것입니다. 어느 쪽이든 그것은 그렇게 중요한 것이 아닙니다. 당신에게 별 영향을 미치지 않기 때문입니다. 이 경우, 믿음이란 단지 지적(知的)인 문제입니다.

한편, 내가 당신에게 아스피린을 믿느냐고 묻는다면, 나는 당신이 고통을 경감시키는 약으로서의 아스피린이 존재한다는 것을 당연히 알고 있을 것으로 여기고 있는 것입니다. 내가 묻는 바는, "당신에게 두통이 있으면 아스피린을 복용하여 그것이 당신을 위해 효과를 나타내도록 하는가?" 하는 것입니다. 이러한 의미에서 믿음이란 당신이 존재를 알고 있는 어떤 것이 효력을 발휘하게끔 당신에게 준비가 되어 있는 것을 의미합니다.

두 번째 것이 예수 그리스도와 우리의 관계를 묘사하기 위해 신약성경에서 사용한 "믿음"입니다. 이것은 단지 예수 그리스도가 존재하신다는데 대한 믿음이 아니라 그분으로 하여금 역사하시게끔 해드리는 그런 종류의 믿음입니다. 물론, 우리는 "하나님께 나아가는 자는 반드시 그가 계신 것"을 믿어야 하기 때문에(히브리서 11:6) 첫 번째와 같은 믿음도 지

녀야 합니다. 그러나 그 자체만으로는 아무 유익이 없습니다. 야고보는 "네가 하나님은 한 분이신 줄 믿느냐? 잘하는도다. 귀신들도 믿고 떠느니라"(야고보서 2:19)고 했습니다. 그러나 우리는 이러한 첫 번째 종류의 믿음의 토대 위에서 두 번째 종류의 믿음을 발휘하는데, 이것은 그리스도께 대한 태도로서 이것이 그분으로 하여금 역사하실 수 있게 해드리는 것입니다.

이처럼, 믿지 못하는 것과 하나님으로 하여금 역사하시게끔 해드리지 않는 것이 바로 죄의 핵심입니다. 하나님을 의지하지 않고 독립적으로 행하고 있을 때, 그 활동 자체는 선하고 올바른 것일지라도, 사실상 죄를 범하고 있는 것입니다. 하나님께 대한 의지로 말미암지 않은 모든 것이 죄입니다. 우리 삶에서 하나님을 기쁘시게 해드리는 것은, 그분으로 하여금 하나님이 되시게 하고, 우리 속에서 그리고 우리를 통해 역사하시게 해드리는, 그분에 대한 믿음입니다. 이 때문에 믿음이 없이는 하나님을 기쁘시게 못합니다(히브리서 11:6).

그러므로 믿음으로 산다는 것은 나의 주님으로서 예수님의 권위를 인정하는 것이며, 그분이 내 속에서 사시는 것을 인정하는 것입니다. 그것은 어떤 활동의 성격과는 관계가 적고 활동들의 동기 내지 이유와 관계가 큽니다.

사람들은 흔히 "내가 믿음을 조금만 더 가지고 있다면…"이라고 하거나, 또는 다른 사람들을 보고는 "내가 그녀의 믿음을 갖고 있다면…"이라고 합니다. 또 많은 사람들이 "주님, 저의 믿음을 더해 주소서"라는 단순한 기도를 해왔습니다. 당신이 그런 기도를 한 적이 있다면, 당신은 훌륭한 기도를 한 셈입니다. 예수님의 제자들도 이와 동일한 것을 예수님께 요청했었기 때문입니다. 그러나 예수님의 응답은 당신에게만큼이나 그들에게 놀라움을 안겨 주었을 것입니다.

그 일은 누가복음 17:5-6에 기록되어 있습니다. "사도들이 주께 여짜오되, '우리에게 믿음을 더하소서' 하니, 주께서 가라사대 '너희에게 겨자씨 한 알만한 믿음이 있었더면 이 뽕나무더러 뿌리가 뽑혀 바다에 심기우라 하였을 것이요, 그것이 너희에게 순종하였으리라.'"

겨자씨는 당시 중동 지방에서 알려져 있는 씨들 가운데 가장 작았습니다. 그래서 믿음을 더해 달라는 요청에 대해 예수님께서는 그들에게 필요한 것을 예를 들어 설명하기 위해 아주 작은 이 겨자씨를 사용하셨던 것입니다. 주님께서 말씀하시고자 했던 것은 무엇입니까? 믿음과 관련하여 가장 중요한 것은 믿음을 두는 대상이며 믿음의 크기는 이차적인 것입니다. 가령 당신이 강한 대상에 작은 믿음을 둔다면 그 대상은 여전히 기능을 발휘할 것입니다. 다른 말로 하면, 주님께서는 제자들이 그런 요청을 하는 것은 그들이 믿음의 성격을 제대로 이해하지 못하고 있다는 것을 보여 준다고 말씀하신 것입니다. 가장 중요한 것은 믿음의 크기가 아니라 우리가 믿음을 두려고 하는 대상의 질(質)입니다. 강한 대상에 대한 약한 믿음은 여전히 그 대상으로 하여금 기능을 발휘하게 합니다.

겨자, 감자, 호박

내가 처음 비행기를 탔던 때가 기억납니다. 18세 때 나는 짐바브웨(당시엔 로디지아)의 커다란 농장에서 일을 하게 되었습니다. 내가 비행기를 타기 위해 런던의 히드로 공항으로 가던 때를 기억합니다. 한편으로는 흥분을 느꼈고 또 한편으로는 두려움을 느끼고 있었습니다. 나는 비행기 추락 사고에 대한 이야기를 많이 들어 왔던 터라 내가 탄 비행기가 그렇게 되면 어쩌나 하고 두려워했습니다. 나는 탑승 절차를 밟는 카운터로 가서 탑승권을 받았습니다. 항공기는 보잉 707이었는데, 중앙 통로 양쪽으로 좌석이 줄지어 배치되어 있었고, 좌석 세 개가 한 줄을 이루고 있었습니다. 나는 통로 왼편에 있는 줄의 가운데 좌석에 앉게 되었습니다.

나이 지긋한 한 부인이 이미 내 왼편 좌석인 창 바로 옆 좌석에 앉아 있었습니다. 내가 자리에 앉을 때 보니 이 부인은 이미 불안으로 인해 신경이 날카로워져 있다는 것을 알 수 있었습니다. 그 아주머니는 좌석의 팔걸이를 얼마나 꽉 붙잡고 있었던지 금방 보아도 알 정도였습니다. 잠시 후 우리는 대화를 나누기 시작했습니다. 아주머니는 나보고 이전에 비행기를 타본 적이 있는지 묻고는 내가 추측했듯이 자기는 처음이라고 했습니다. 그리고 자기 딸과 사위가 로디지아에 이민을 갔는데, 지금은 자기가 아직 보지 못한 외손자가 셋이 있으며, 딸이 비행기표를 선물로 보내 주어 자기가 그들을 방문할 수 있게 되었다고 했습니다. 그리고는 "외손자 녀석들만 아니라면 내가 이렇게 목숨을 걸지는 않았을텐데…"라고 덧붙였습니다.

내가 자리에 앉은 직후, 남아프리카의 사업가가 내 오른편 자리에 앉았습니다. 그는 이전에 비행기를 타본 적이 많았으며, 자리에 앉더니 책을 꺼내어 읽기 시작했습니다. 그는 자기 주위에서 일어나는 일에 무관심해 보였으며, 어떤 염려를 하거나 두려움을 나타내지 않았습니다.

이윽고 우리가 탄 비행기는 활주로를 향해 움직여 이륙 준비를 하기 시작했습니다. 엔진이 가동되자 내 곁의 아주머니는 두려움으로 인해 움츠러들고 있는 듯이 보였습니다. 엔진 소리가 더 요란해짐에 따라 아주머니는 더욱 작아지는 듯했습니다. 드디어 우리 비행기가 활주로를 미끄러지듯 달려 이륙을 하자 아주머니는 머리를 무릎 사이에 박고는 마치 곧 뭔가가 잘못되기라도 할 것처럼 했습니다. 그때 나는 한편으로는 흥분을, 한편으로는 공포를 경험하고 있었습니다. 오른쪽에 있는 그 사람은 마음을 턱 놓고 편안히 있었습니다. 그는 단지 계속해서 책을 읽고 있었습니다.

세 곳의 중간 기착지를 거쳐 16시간 만에 짐바브웨에 도착했습니다. 그 동안 왼쪽의 아주머니는 약간 마음을 놓기 시작하는 것 같았고, 나는 훨씬 더 마음을 놓았으며, 오른쪽의 사람은 완전히 마음을 편히 하고 내내 식사를 하거나 책을 읽거나 음료수를 마시거나 잠을 잤습니다.

우리 줄에 앉은 세 사람은 각각 다른 크기의 믿음을 지니고 있었습니다. 그 부인은 겨우 겨자씨만한 믿음을 지니고 있었습니다. 그래서 마지못해 그 여행을 하기로 결심한 정도였습니다. 나는 조금 더 확신이 있었고 감자만한 믿음을 지니고 있었습니다. 나는 무사히 도착할 것으로 완전히 확신하지는 못했지만, 그 부인보다는 좀더 비행기의 안전성에 대해 알고 있었고, 아마도 우리가 죽지 않고 별 탈 없이 목적지에 도착할 것이라는 정도로는 짐작하고 있었습니다. 내 오른쪽에 앉은 그 사람은 호박 크기의 믿음을 가지고 있었고, 그래서 비행기에 오를 때 아마도 자기가 안전하게 목적지에 도착하지 못할 가능성에 대해선 별로 생각지 않았을 것입니다.

그러나 주목할 만한 사실은 바로 이것입니다. 즉, 비록 그 부인은 단지 겨자씨만한 믿음을 가지고 있었고, 나는 감자만한 믿음을 가지고 있었으며, 내 오른쪽에 앉은 그 사람은 호박만한 믿음을 가지고 있었지만, 우리 셋은 동시에 목적지에 도착했습니다. 큰 믿음을 가진 그 사람이 제일 먼저 도착하고, 그 다음에 내가 도착하고, 그 부인은 나보다 여섯 시간 뒤에 도착한 것이 아닙니다. 가장 중요한 것은 믿음의 크기가 아니라, 우리가 믿음을 둔 대상입니다. 우리가 그 비행기에 믿음을 둔 후, 그 믿음이 겨자씨만하든 감자나 호박만하든, 그 비행기는 우리를 목적지까지 데려다 주는 일을 한 것입니다.

내가 도착했을 때 누군가가 나더러 런던에서 어떻게 왔느냐고 물었다면, 나는 "믿음으로"라고 대답하지는 않았을 것입니다. 비록 그것이 바른 대답이긴 하지만, 나는 아마도 "비행기로"라고 대답했을 것입니다. 왜냐하면 일을 한 것은 내가 믿음을 둔 대상인 비행기였기 때문입니다.

믿음을 더해 달라는 제자들의 요청에 대한 예수님의 대답은 그들의 믿음의 대상에 비해 그들의 믿음의 크기는 부차적인 문제임을 보여 줍니다. 그들이 자신들이 가지고 있던 조그만 믿음을 하나님께 둔다면 그들은 하나님께서 일하시는 것을 보게 될 것입니다.

예수님께서 "적은 믿음"에 대해 제자들을 꾸짖으실 때, 그것은 종종 크기가 작다는 것을 의미하기보다는 지속성이 적다는 것을 의미했습니다. 그들의 믿음은 별로 오래가지 않았던 것입니다.

예를 들면, 폭풍이 몰아치는 갈릴리 바다를 베드로와 다른 제자들이 배를 타고 건너가고 있을 때, 예수님께서 물 위를 걸어 그들에게로 오고 계셨습니다. 그때 베드로가 "주여, 만일 주시어든 나를 명하사 물 위로 오라 하소서!"(마태복음 14:28)라고 소리쳤습니다. 예수님께서 "오라!" 하시니 베드로가 배에서 내려 물 위로 걸어서 예수님께로 갔습니다. 우리는 베드로가 얼마나 걸어갔는지는 모릅니다. 그러나 잠시 후에 있었던 일을 성경은 이렇게 기록하고 있습니다:"바람을 보고 무서워 빠져 가는지라. 소리 질러 가로되, '주여, 나를 구원하소서!' 하니, 예수께서 즉시 손을 내밀어 저를 붙잡으시며 가라사대, '믿음이 적은 자여, 왜 의심하였느냐?' 하시고"(마태복음 4:30-31). 베드로는 잠시 동안은 예수님을 신뢰했습니다. 그러나 주위를 둘러보기 시작했을 때, 그리고 바람과 자기가 처해 있는 환경을 바라보았을 때 두려워지기 시작했습니다. 바람의 능력이 주 예수 그리스도의 능력보다 더 커 보였습니다. 그 결과, 베드로는 가라앉기 시작했고, 믿음이 적다고 예수님의 꾸지람을 들었는데, 이는 베드로의 믿음의 크기가 작다는 것 때문이 아니라 그의 믿음이 오래 지속되지 못했다는 것 때문이었습니다. 그는 예수님의 능력을 신뢰하기를 중단했던 것입니다.

"호박" 크기의 믿음이 "겨자씨" 크기의 믿음보다 더 가치가 있다는 것을 아는 것은 중요합니다. 비행기를 탔던 우리 세 사람은 같은 시간에 목적지에 도착하기는 했을지라도, 큰 믿음을 가졌던 그 사람은 작은 믿음을 가졌던 그 부인이나 중간 크기의 믿음을 가졌던 나보다 더 마음 편하게 여행을 즐길 수 있었습니다. 그러므로 믿음을 증가시키기 위해 노력하는 것은 올바른 것이며, 그것은 오직 우리 믿음의 대상에 대해 더 많이 알아 감으로써만 가능합니다. 비행기에서 내 오른쪽에 앉았던 그 사람은 여러 번 비행기를 타보았으며, 비행기 여행에 대해 많이 알고 있었기 때문에, 나보다 훨씬 더 확신 가운데 있을 수 있었던 것입니다. 하나님께 대한 믿음은 하나님을 알아 감으로써 자라납니다. 그 외의 다른 길은 없습니다. 바울은 로마서 10:17에서 믿음은 들음에서 나며 들음은 그리스도의 말씀으로 말미암는다고 했습니다. 바울이 이 말을 쓸 때, 보통 사람들은 읽을 수 있는 능력도 없었고, 하나님의 말씀을 쉽게 접할 수도 없었기 때문에, 그들은 말씀을 듣기 위해 모여서 다른 사람이 읽어 주는 말씀을 듣곤 했습니다. 하나님의 말씀을 접할 때 그리스도가 어떤 분이신지 우리에게 밝혀집니다. 이에 따라 우리는 그분께 대한 이해와 확신이 자라가고, 그 결과 그분을 신뢰하고 더 쉽게 그분께 대한 믿음을 발휘할 수 있습니다.

그리스도를 더 잘 알기 위한 것이 성경을 읽고 공부하는 주된 목적입니다. 그리스도를 더 잘 알아 갈 때라야 우리는 더 쉽게 그분을 믿고 의뢰할 수 있으며, 그분을 더 많이 알아 감에 따라 우리가 그분을 믿고 의뢰하는 것은 당연하고 필연적인 것이 될 것입니다.

나는 주님의 일을 위해 매년 25-30회씩이나 비행기를 탑니다. 나는 더 이상 초조해하거나 두려워하지 않습니다. 사실 나는 아주 안심하고 비행기 여행을 합니다. 비행기에 대한 나의 신뢰는 경험의 소산입니다. 비행기를 더 많이 알고 더 경험을 쌓아 감에 따라 더욱 나는 비행기를 신뢰하게 되었으며, 심지어는 언젠가 캐나다에서처럼 엔진 하나가 폭발했을 때에도 비행기를 신뢰했습니다.

그리스도를 알아 가는 것과 바꿀 수 있는 것은 아무것도 없으며, 이것이 우리 삶에서 가장 큰 필요입니다. 이는 영웅을 숭배하듯 멀찍이서 숭배하기 위해서가 아니라, 우리 삶과 경험에서 그분이 주님이 되시게끔 해드리기 위해서입니다.

지금까지 믿음을 정의해 왔습니다. 이것은 어떻게 믿음이 역사하는지를 계속 깨달아 갈 때만 가치가 있습니다. 어떤 것을 이해하는 것으로 결코 만족하지 마십시오. 그것이 당신의 경험이 될 때만 만족하십시오. 이해는 필요합니다. 그러나, 한 번도 자기들의 경험이 되지 못한 성경 진리에 대해 토의하고 토론하고 전파하고 있는 그리스도인들이 많아 안타깝습니다. 교리란 그것이 우리로 바르게 살도록 갖추어 줄 때만 참된 가치가 있습니다.

10

말씀에 대한 순종과 하나님께 대한 신뢰

믿음은 어떤 것에 대한 신뢰의 태도이며, 그 결과로 그 신뢰의 대상은 기능을 발휘할 수 있게 됩니다. 어떤 차에 믿음을 둔다면, 그 차에 대한 신뢰의 태도를 갖게 될 것이요, 이로 인해 그 차는 나를 목적지까지 실어 나를 수 있게 됩니다. 내가 만약 어떤 비행기에 믿음을 둔다면, 나는 그것에 대해 신뢰의 태도를 갖게 될 것이요, 이로 인해 그 비행기는 하늘을 날아 나를 목적지까지 데려다 줄 수 있게 됩니다. 내가 어떤 의자에 믿음을 둔다면, 그 의자에 대해 신뢰의 태도를 갖게 될 것이요, 이로 인해 나는 그 의자에 털썩 앉을 것이며, 의자는 나로 쉬게 해줄 수 있습니다. 각각의 경우에, 믿음을 발휘한 결과는 우리가 믿음을 둔 그 대상이 우리를 위해 일을 할 수 있게 되는 것입니다. 믿음이란 기본적으로 우리가 어떤 것을 하는 데서 표현되는 것이 아니라 우리 믿음의 대상이 어떤 것을 하도록 우리가 신뢰하는 데서 표현됩니다. 하나님께 대한 믿음도 마찬가지입니다. 하나님께 대한 믿음은 하나님께 대한 신뢰의 태도이며, 이것은 하나님께서 일을 하실 수 있게 해드립니다.

그러나 우리는 어떻게 믿음을 행동으로 옮길 수 있습니까? 하나님께서 일을 하실 수 있게 해드리려면 우리 쪽에서는 무엇이 필요합니까? 두 가지 필수적인 요소가 있습니다. 하나는 하나님의 말씀에 대한 순종이요, 또 하나는 하나님께 대한 신뢰입니다.

이 두 가지는 별도로 이해되어야 하지만, 서로 뗄 수 없는 밀접한 관계가 있습니다. 예수 그리스도의 계명들에 순종하면서 그 계명들을 이행하는 데 요구되는 힘과 능력을 위해 하나님을 믿고 의뢰하지 않는다면 좌절에 빠지거나 위선으로의 유혹을 받게 됩니다. 예수님의 가르침들과 계명들을 진지하게 받아들이면서도 그것들을 실행하는 데 있어서의 주님의 역할에 대한 이해가 없으면 우리는 실망에 빠질 수밖에 없습니다. 그분의 계명들은 인간적으로는 이행이 불가능합니다. 이 때문에 교계가 위선과 가식이 자라는 비옥한 토양이 되기 쉽습니다. 사람들이 순종하고자 필사적으로 애를 쓰면서도, 주님께서 명하신 것들을 실행하기 위해 하나님의 능력이라는 자원은 활용하지 않기 때문입니다.

한편, 그리스도를 신뢰하면서도 우리 쪽에서 해야 할 자발적이고 적극적인 순종이 없으면 또 다른 잘못에 빠지게 되는데, 곧 수동적이고 소극적이며 전적으로 주관적으로 하나님을 의지하는 것으로서, 이런 잘못에 빠진 사람들은 성령께서 하도록 촉구한다고 느껴지는 것만 합니다.

두 경우 다 건전치 못하고, 믿음으로 산다는 말이 의미하는 바와는 거리가 멉니다.

순종은 참된 그리스도인의 삶의 기초가 되는 것입니다. 그리스도인의 삶은 우리 삶의 주님으로서 그리스도의 권위를 인정하고 그분께 굴복하는 것으로부터 시작됩니다. 그러나 그러한 굴복을 하고 나면 곧 이어 성경의 일반적인 교훈들과 우리 삶에 대한 하나님의 특정한 지도에 적극적으로 순종해야 합니다. 하나님의 능력과 충분하심은 순종할 때에라야 경험할 수 있습니다. 하나님의 능력은 오직 하나님의 목적들을 위해서만 사용할 수 있습니다.

실패자 사울

"믿음"이라는 말이 구약성경에서는 별로 사용되지 않고 있지만 구약성경 전체를 통해 믿음으로 한 행동들이 나옵니다. 우리가 다루고 있는 원리를 사울과 다윗의 경험을 살펴봄으로써 설명해 보도록 하겠습니다. 이 두 사람 중 한 사람은 성공자요 또 한 사람은 실패자입니다.

사울은 이스라엘의 첫 번째 왕이었습니다. 그가 왕위에 오르게 되었을 때 하나님께서는 그에 대해 "그가 내 백성을 블레셋 사람의 손에서 구원하리라"(사무엘상 9:16)고 사무엘에게 약속하셨습니다. 블레셋은 이스라엘의 서남쪽에 살고 있던 사나운 족속이었습니다. 당시에 블레셋은 이스라엘과 끊임없이 전쟁을 벌이고 있었습니다. 하나님께서는 사울이 기본적으로 군사적인 면에서 역할을 수행할 것이라고 약속하셨습니다.

이스라엘 백성을 다스리게 될 것이라는 말을 들었을 때, 사울은 겸손한 반응을 보였고, 사무엘이 그에게 기름을 붓고 하나님의 신이 그 위에 임한 후 사울은, 길르앗 야베스를 침략하여 그곳 백성들을 모욕한 암몬 사람들과 싸웠습니다. 적을 무찌른 후 사울은 그의 반대자들을 죽이라는 사람들의 요구를 거절하면서 그 이유로 "여호와께서 오늘날 이스라엘 중에 구원을 베푸셨음이니라"(사무엘상 11:13)고 말했습니다. 물론, 그는 옳았고, 하나님께 공로를 돌릴 정도로 주의 깊었습니다. 여호와께서 사울에게 능력을 주셨습니다. "하나님의 신에게 크게 감동되매 그 노가 크게 일어나서"(6절). 그의 능력과 그로 싸움터로 나서게 한 분노의 뒤에는 하나님의 신이 있었습니다. 사울은 시작이 아주 좋았습니다. 사무엘상 14:47 에는 "사울이 이스라엘 왕위에 나아간 후에 사방에 있는 모든 대적, 곧 모압과 암몬 자손과 에돔과 소바의 왕들과 블레셋 사람을 쳤는데, 향하는 곳마다 이기었고"라고 기록되어 있습니다.

그러나, 그렇게 좋은 출발 후에 일이 잘못되어 가기 시작했습니다. 그가 이스라엘 왕위에 있은 40년 동안 블레셋과의 전쟁이 그치지 않았습니다. "사울의 사는 날 동안에 블레셋 사람과 큰 싸움이 있었으므로"(사무엘상 14:52). 그러나 그의 통치 기간 중 초창기를 제외하고는 그들과의 싸움에서 매번 패배했습니다. 이스라엘이 승리를 맛본 두 경우는 사울의 아들 요나단이 블레셋을 무찌른 것과(사무엘상 14장), 다윗이 골리앗을 죽임으로 블레셋 사람들을 패주시킨 것(사무엘상 17장)입니다. 사울 자신은 처음 왕이 되었을 때 하나님께서 하신 약속에도 불구하고 그들에 대한 승리를 경험하지 못했습니다. 하나님의 약속은 그 약속 성취를 위한 조건들이 충족되고 있을 때에만 효력을 나타냅니다. 하나님께서 어떤 것을 약속하셨다는 사실이 하나님께 대한 우리의 책임을 경감시키지는 않습니다. 때때로 우리는 사람들이 "하나님의 약속을 주장하는 것"에 대해 이야기하는 것을 듣곤 합니다. 하나님의 약속들을 믿고 그것들을 진지하게 받아들이는 것은 분명 옳은 일이나, 그분의 약속들에는 거의 언제나 조건이 붙어 있습니다. 이러한 조건들을 충족시킬 때라야 그 약속들의 성취는 보장되는 것입니다. 사울과 그의 부하들이 모여, 블레셋에 대한 승리의 약속들을 "주장하는" 것만으로는 충분치 않았을 것입니다. 그들은 하나님께 순종해야 했고, 하나님을 믿고 의뢰해야 했습니다.

사울이 잘못되고 있는 기록은 아말렉과의 싸움 때부터 나옵니다(사무엘상 15장). 하나님께서 그에게 명확한 지시를 하셨으나, 그는 이 지시를 임의로 변경시켰으며, 자기 마음에 들지 않는 것은 불순종하기로 했습니다. 그는 어쩌면 과거에 하나님의 능력과 도우심을 경험한 것들 때문에 교만해져서 자기가 순종할 것을 마음대로 선택하는 지경에까지 이르렀는

지도 모릅니다.

하나님을 경험한 것이 겸손과 의뢰의 태도를 앗아가지 않도록 아주 조심해야 합니다. 승리가 우리에게 자기 과신을 심어 준다면 매우 위험해집니다. 성경에서, 그리고 역사를 통해 볼 때, 많은 사람들이 하나님으로부터 많은 축복을 받은 후 실패로 생을 마쳤습니다. 그들은 자기 만족에 빠졌고, 하나님의 승리를 자신의 승리로 잘못 이해한 까닭입니다. 웃시야 왕에 대해 성경은 "저가 여호와를 구할 동안에는 하나님이 형통케 하셨더라"(역대하 26:5)고 기록하고 있습니다. 그리고 성경은 이어서 그의 잘한 일들을 기록하고 있으나, "기이한 도우심을 얻어 강성하여짐이더라. 저가 강성하여지매 그 마음이 교만하여 악을 행하여"(역대하 26:15-16)라고 덧붙이고 있습니다. 자신을 통해 하나님께서 역사하시는 것을 경험한 것이 자기 만족을 낳았고, 이것이 웃시야를 파멸에 이르게 했습니다. 그는 자기 자신의 능력을 의지하기 시작했고, 하나님을 떠난 자신이 얼마나 심한 파멸 상태에 있는지를 알지 못했습니다.

사울이 전폭적이고 무조건적인 순종에서 떠났을 때 하나님의 능력도 그를 떠났습니다. 이러한 사울에 대한 판결은 이것이었습니다 : "왕이 여호와의 말씀을 버렸으므로 여호와께서도 왕을 버려 왕이 되지 못하게 하셨나이다"(사무엘상 15:23). 믿음의 삶의 기초는 순종입니다. 하나님의 뜻에 순종하는 삶으로부터 벗어나는 것은 하나님의 자원으로부터 벗어나는 것입니다.

성공자 다윗

사울의 실패와 아주 대조를 이루는 것이 그의 후임자인 다윗의 성공입니다. 다윗에게 실패가 없었다는 것은 아닙니다. 성경은 위대한 인물들의 실패에 대해서도 적나라하게 기록하고 있으며, 다윗의 경우도 예외는 아닙니다. 그러나 다윗은, 하나님께서는 자신의 모든 말씀을 능히 실행하시며 자신의 모든 약속을 능히 이루실 수 있는 분이심을 거듭거듭 입증한 사람이었습니다.

아마도 이에 대한 가장 좋은 예가 되며, 믿음으로 사는 삶의 원리를 분명하게 보여 주는 것은 골리앗과의 싸움일 것입니다(사무엘상 17장 참조). 비록 그가 이미 장래 왕이 될 사람으로 사무엘로부터 기름 부음을 받긴 했으나, 다윗은 아직 어렸으며 아마도 십대였을 것입니다. 그는 군에도 갈 수 없을 정도로 어려서 형들이 군에 가 있는 동안 집에 머물며 부친의 양들을 돌보고 있었습니다.

형들에게 약간의 볶은 곡식과 떡, 그리고 치즈를 갖다 주기 위해 아버지의 보냄을 받은 다윗은 엘라 골짜기의 전장에 도착했는데, 군인들이 "놀라 크게 두려워하며" 장막 안에 움츠리고 있고 전투는 소강 상태에 있음을 알았습니다. 거의 6주 동안 매일 아침 저녁으로 블레셋 진에서 골리앗이 걸어 나와, 자기에게 도전할 이스라엘 사람이 있으면 나와 보라고 외치곤 했습니다. 그는 이스라엘 군대에서 대표로 한 명이 나오고 블레셋 군대에서 한 명이 나와 그 둘이 싸워 거기서 이긴 자의 군대가 전체 전쟁에서 이긴 것으로 하자고 제안했었습니다. 그것은 확실히 흥미를 자아내는 방법일 뿐 아니라 살상을 엄청나게 줄일 수 있는 방법이기도 했습니다. 골리앗은 자신을 블레셋 군대의 대표로 뽑았습니다. 그는 신장이 2.7m가 넘고 투구의 무게만 65kg이 넘었으며, 쇠로 된 창날은 6kg이 넘었습니다.

이스라엘 진에서 그 도전을 받아들이기 위해 앞으로 나가는 지원자는 하나도 없었습니다. 40일간 매일 두 차례씩 골리앗은 자기와 결투를 벌일 이스라엘 군대의 대표를 만나고자 앞으로 나왔습니다. 그러나 도전자는 하나도 없었습니다. 전체 이스라엘 군대에서 아마도 가장 상대가 될 만한 사람은 사울 왕이었을 것입니다. 왜냐하면 그에 대해 성경은 그의 키가 모든 백성보다 어깨 위는 더하였다고 기록하고 있기 때문입니다(사무엘상 9:2, 10:23 참조). 그러나 다른 사람들과 마찬가지로 그도 자기 장막 속에서 움츠리고 있었습니다. 하루에 두 차례씩, 도합 80회나 그들은 도전자를 찾는 골리앗의, 골짜기를 진동시키는 듯한 큰 목소리가 들려올 때마다 굴욕감을 느껴야 했으며, 날마다 두 번씩 이스라엘 모든 사람이 골리앗을 보고 심히 두려워하여 그 앞에서 도망하였습니다(사무엘상 17:24 참조).

사울은 골리앗에 대항하여 싸우러 나갈 지원자를 구하기 위해 좋은 조건을 내걸었습니다. 첫째, 골리앗을 쳐서 이기는 자에게는 많은 재물로 부하게 해주겠다고 했습니다. 또한 그 사람을 자기 딸과 결혼하게 해주겠다고 약속했습니다. 그 당시에 공주와 결혼하여 왕의 사위가 된다는 것은 큰 특권이었을 것입니다. 마지막으로, 사울은 골리앗을 쳐서 이기는 자뿐 아니라 그의 가족 전체에게 남은 여생 동안 세금을 면제시켜 주겠노라고 했습니다. 이러한 제안에 많은 사람들은 귀가 솔깃했을 것입니다. 그러나 그 제안을 받아들이는 자는 하나도 없었습니다.

이스라엘 군대가 바로 이런 곤경에 처해 있을 때 다윗이 형들을 위해 음식을 들고 전장에 도착했습니다. 다윗이 전장에 도착해서 형들과 어떤 대화를 나눴는지는 알 수 없지만, 한번 그 대화를 상상해 보는 것도 재미가 있을 것입니다.

"오늘 아침에는 왜 전쟁을 하지 않으세요?"라고 다윗이 묻습니다.

"문제가 있기 때문이다."

"그 문제가 무엇이지요?"

"골리앗이야!"

"골리앗이 누구에요?"

"골짜기 건너에서 지금 맹수처럼 목청껏 으르렁거리고 있는 바로 저 자야. 마치 거대한 참나무 같아!"

"저자가 왜 문제가 돼요?"

"그가 이스라엘 군대에서 한 사람이 나와 자기와 싸워 그 싸움에서 이기는 자가 누구이든 그 사람이 속한 군대가 이 전쟁에서 이긴 것으로 하자고 도전을 해왔어."

"그게 왜 문제가 되지요?"

"그는 거인이기 때문이야. 아주 거인이야!"

"나도 그가 거인이라는 것은 알 수 있어요. 하지만 아직 제 질문에는 대답을 안 하셨어요. 그게 왜 문제가 되지요?"

"우리 편에서는 그와 상대할 만한 능력이 있는 자가 없어."

"하지만 하나님께서 우리 편에 계시지 않아요? 골리앗은 단지 이스라엘 군대를 무시하고 있는 게 아니에요. 그는 하나님을 무시하고 있는 것입니다! 하나님께서는 블레셋 군대가 패배할 것이며, 이스라엘이 그들의 압제에서 벗어날 것이라고 약속하셨어요. 그는 형들의 군대가 아니라 하나님께 도전하고 있단 말입니다!"

"다윗아, 이런 일들에서 너 혼자만 너무 그렇게 영적인 체하지 말아라! 우리도 모두 하나님께서 우리 편에 계시다는 것은 알고 있다. 그러나 우린 실제적이고 현실적이 되어야 해. 네가 참견하는 것과 그렇게 단순하고 영적인 것은 다 좋아. 하지만 우리는 현실적이 되어야 해. 여하튼 우리는 하나님의 약속이 무엇인지 알고 있고, 그 약속을 주장해 왔으며, 아침에 이를 위해 기도회도 열고 있다. 사실, 다음 금요일에는 그 약속을 주장하며 철야 기도회도 가질 예정이다. 다윗아, 우리는 네가 어떤 아이인지 알고 있다. 네가 여기 온 것은 단지 전쟁을 구경하고 재미있는 광경이나 있으면 즐기려고 온 것이야. 전쟁이 무슨 장난인 줄 아니? 지금은 전투를 하고 있지 않으니 집으로 돌아가 양이나 돌보도록 해!"

그렇게 말하면서 그들은 다윗을 보냈습니다. 그러나 다윗은 또 다시 다른 사람들에게 "이 블레셋 사람을 죽여 이스라엘의 치욕을 제하는 사람에게는 어떠한 대우를 하겠느냐? 이 할례 없는 블레셋 사람이 누구관대 사시는 하나님의 군대를 모욕하겠느냐?"(사무엘상 17:26,30 참조) 하고 말했습니다. 결국 다윗은 사울 왕에게로 가서 "그를 인하여 사람이 낙담하지 말 것이라. 주의 종이 가서 저 블레셋 사람과 싸우리이다"(32절)

라고 말했습니다. 그러자 사울은 반대하면서, 다윗은 소년에 불과하나 골리앗은 어려서부터 용사였다는 사실을 지적했습니다. 다윗은 주장을 굽히지 않았습니다. 사울도 이대로 가면 무슨 일이 생길 것인지는 불을 보듯 뻔한 것이라고 생각했을 것입니다. 이스라엘이 전쟁에서 패배하고 모욕을 당할 것이 거의 틀림없었습니다. 사울은 뭔가를 해야 한다는 생각이 들었을 것입니다. 사울은 소년 하나를 잃는 것이 장성한 군인 한 명을 잃는 것보다 낫다고 생각했을지도 모릅니다. 사울의 생각이 무엇인지는 정확히 알 수 없지만, 마침내 사울은 다윗을 골리앗의 상대로 내보내기로 동의했습니다.

그러한 상황에서 "믿음으로 사는" 것은 어떤 것이었습니까? 그것은 단지 하나님께서 그들을 블레셋으로부터 구해 주시겠다는 약속을 주장하는 것이었습니까? 그것은 골리앗을 이기게 해달라는 기도 모임을 개최하는 것이었습니까? 사실, 하나님께서는 기적을 일으키실 수 있으며, 골리앗에게 심장마비를 일으키시거나 뇌출혈을 일으키실 수도 있고, 어떤 뚜렷한 증상도 없이 그를 죽게 하실 수도 있습니다. 그들은 모여 "하나님께서 이처럼 해주실 것을 믿읍시다"라고 말할 수도 있었을 것입니다. 그러나, 그들에게 필요한 것은 하나님께서 말씀하신 바에 순종하며 하나님이 하나님이심을 믿고 의뢰할 사람이었습니다. 하나님께서는 그들의 순종이 없이는 어떤 일도 행하지 않으실 것이며, 그들의 순종에 앞서 약속의 진실성을 입증하시지도 않으실 것입니다. 골리앗이 쓰러지기 위해서는 누군가가 전폭적인 순종과 전폭적인 신뢰 가운데 행동을 취해야 했습니다.

우리는 모험을 할 각오가 되어 있지 않으면 하나님께서 역사하시는 것을 보기가 힘들 것입니다. 이는 하나님께서 말씀하신 것을 벗어나서 그분을 시험하는 무모한 모험을 하라는 말이 아닙니다. 다만 하나님의 말씀에 전적으로 순종함으로 불가능해 보이는 상황으로 들어가며, 오직 한 가지 사실 즉 하나님께서 명하셨으므로 하나님께서 그 결과를 책임지실 것이라는 사실을 의지해야 한다는 것입니다. 이안 토마스는 "어떤 것이

가능한 것인지 묻지 마십시오. 오직 그것이 옳은 것인지만 물으십시오"라고 말하였습니다. 만약 우리가 가능한 것의 영역 안에서만 산다면 모험은 별로 없을 것이며, 신이 날 일도 별로 없을 것입니다. 그러나 우리가 옳은 것을 추구할 준비가 되어 있고, 비록 그것이 승산이 별로 없는 것일지라도 그것을 행한다면, 우리는 하나님께서 행동을 취하시며 기적을 행하시는 것을 보게 될 것이며, 이로 인해 스릴을 맛보며 겸손해질 것입니다.

무엇이 가능하냐 하는 질문이 다윗을 오랫동안 사로잡지는 않았습니다. 그가 이에 대해 생각해 볼 때, 자기가 아버지의 양들을 옮기려는 사자나 곰과 싸울 때 하나님께서 자기를 건져 주신 것이 생각났던 것입니다. 하나님께서 우리 삶 가운데서 역사하시게 해드리도록 할 때마다 우리는 하나님의 성실하심과 사랑과 능력을 경험하게 되며, 이 경험을 훗날 상기해 볼 때 하나님을 믿고 의뢰하기가 한결 더 쉬워집니다.

다윗은 무엇이 옳은 것이냐에 가장 관심이 있었습니다. 옳은 것을 하고 있다면 하나님께서 결과를 주관해 주실 것입니다. 사울의 갑옷은 너무 커서 사양하고 다윗은 골리앗을 만나기 위해 출발했습니다. 사울은 "가라. 여호와께서 너와 함께 계시기를 원하노라"(37절)고 하며 다윗을 내보냈습니다. 하나님께서 다른 사람을 통해서 어떤 일을 행하실 수 있다고 우리가 믿는다고 해서 결코 하나님께서 우리를 통해서도 그 일을 행하실 수 있다고 믿는 것은 아닙니다. 우리 모두는 허드슨 테일러, C.T. 스터드, 조지 뮐러, D.L. 무디 등을 통해 능력 있게 역사하신 위대하신 하나님을 믿으나 우리 뒤에도 그런 하나님이 계신다고는 믿지 않습니다. 우리는 또한 우리와 동시대 사람들을 통해 하나님께서 역사하시는 것에 대한 이야기를 듣기 즐거워하며, 행해진 선한 일이 하나님으로 말미암은 것으로 인정합니다. 그러나 우리 자신의 삶에서 하나님에 대해 믿는 것이 우리가 하나님에 대해 참으로 믿는 바를 나타냅니다. 만약 사울이 "여호와께서 너와 함께 계시기를 원하노라"고 했듯이 자신에게 대해서도 그렇게 믿었다면, 그는 벌써 40일 전에 골리앗과 싸우러 나갔을 것입니다.

다윗이 엘라 골짜기의 이스라엘 쪽 비탈을 내려갈 때, 이스라엘 진영에서는 그를 주시하며 숨을 죽이고 있었을 것입니다. 다윗의 행동을 나중에 부친에게 어떻게 설명해야 할지 형들은 난감해했을 것입니다. 다윗은 단지 자기들에게 심부름을 왔는데, 어떤 뛰어난 용사도 감히 맞서기를 두려워하는 거인과 맞서기 위해 지금 전장으로 나아가고 있는 것입니다. 그는 분명 죽기 위해 나아가고 있었습니다! 몸집이 큰 군사들은 아마도 자기들이 마땅히 감당했어야 할 일을 이 조그마한 십대 소년이 감당하기 위해 가고 있을 때 가책을 느꼈을 것입니다. 블레셋 군대도 또한 이 광경을 보고 의아하게 생각했을 것이며, 골리앗은 자기에 대한 모욕으로 여겼습니다. 그래서 "네가 나를 개로 여기고 막대기를 가지고 내게 나아왔느냐?"라고 외쳤습니다.

다윗의 대답은 그의 담대함의 비결이 무엇인지 알 수 있게 합니다. "너는 칼과 창과 단창으로 내게 오거니와 나는 만군의 여호와의 이름 곧 네가 모욕하는 이스라엘 군대의 하나님의 이름으로 네게 가노라. 오늘 여호와께서 너를 내 손에 붙이시리니, 내가 너를 쳐서 네 머리를 베고 블레셋 군대의 시체로 오늘날 공중의 새와 땅의 들짐승에게 주어 온 땅으로 이스라엘에 하나님이 계신 줄 알게 하겠고, 또 여호와의 구원하심이 칼과 창에 있지 아니함을 이 무리로 알게 하리라. 전쟁은 여호와께 속한 것인즉 그가 너희를 우리 손에 붙이시리라"(45-47절). 이렇게 말함과 동시에 다윗은 골리앗을 향해 마주 달렸습니다. 그러면서 손을 주머니에 넣어 매끄러운 돌 다섯 가운데 하나를 취하여 물매에 장전하고 목표를 잘 조준하여 물매로 돌을 던졌더니 돌이 골리앗의 이마에 맞았습니다. 성경은 그 광경을 이렇게 그리고 있습니다 : "돌이 그 이마에 박히니 땅에 엎드러지니라"(49절).

신뢰와 순종

우리는 믿음의 영웅들의 이야기를 좋아하며, 다윗이 골리앗을 물리친 이야기도 아주 멋있는 이야기 가운데 하나입니다. 그러나 이 이야기에서 알 수 있는 다윗의 삶의 원리는 또한 당신과 나의 삶의 원리가 되어야 합니다. 이 이야기는 비현실적인 이야기가 아니라, 어떻게 하나님 안에서 소년이 용사가 되었는지를 보여 주는 기록입니다. 다윗이 승리를 경험할 수 있었던 것은, 이스라엘 군인 중 누구나 행할 수 있었을 두 가지를 행했기 때문이었습니다. 먼저, 그는 하나님께서 말씀하신 바에 순종했습니다. 그는 그 상황에서의 하나님의 뜻을 알았으며, 걸어 나갔으며, 인간적으로 거대한 모험처럼 보이는 것을 감당하기로 했으며, 그리고 순종했습니다. 그는 자신이 옳은 것이라고 알고 있는 것을 행하되, 그것이 혼자 걸어 나가는 것일지라도 행했습니다. 그러나 순종은 하나님께 대한 신뢰에 바탕을 두고 이루어져야 합니다. 다윗은 하나님께서 승리를 위해 온전히 충분하신 분이실 것을 굳게 믿었습니다. 승리의 비결은 다윗의 물매돌 던지는 실력에 있는 것이 아니라 - 비록 그가 물매 사용법을 잘 알고 있었다는 것은 분명하지만 - 그를 이러한 상황 가운데로 부르시고 그를 통해 자신의 목적을 성취하신 하나님께 있는 것입니다. 다윗은 하나님께 순종함으로써 하나님의 충분성을 입증했으며, 그가 먼저 순종하지 않았더라면 그는 하나님께서 자기를 통해 역사하시는 것을 결코 보지 못했을 것입니다.

살아 계시고 역사하시는 하나님을 별로 경험하지 못하는 그리스도인과 교회가 있는 것은 순종이 없기 때문인 경우가 많습니다. 그들은 하나님께서 명하신 것을 행하기 위해 발걸음을 내디딜 때 수반되는 커다란 모험을 감수하기를 너무나 두려워합니다. 그들은 그 대신 기도회만 갖고 있습니다. 물론 기도는 중요합니다. 그러나 우리가 하나님께 순종하기를 거부하며, 하나님께서 주시는 책임을 감당하기를 거부한다면, 기도는 순종을 피하는 도피처가 될 수 있는 것입니다.

골리앗이 땅에 엎드러지자마자 이스라엘 군대는 자기들의 장막에서 나와 언덕을 내려와, 도망하는 블레셋 사람들을 에그론 성문까지 추격했습니다. 이스라엘 사람들은 "사울의 죽인 자는 천천이요, 다윗은 만만이로다"(사무엘상 18:7)라고 노래했습니다. 그런데 다윗에 대한 노래를 부르고 다윗에 대한 이야기를 입에 올릴 때마다 그들은 아마도 병사들 가운데 아무라도 이러한 승리를 맛볼 수 있는 기회가 40일 동안이나 있었다는 것은 몰랐을 것입니다.

가장 슬픈 사실은, 사울은 하나님의 승리를 경험하지 못하였을 뿐 아니라 다윗이 그것을 경험하자 시기하게 되었다는 것입니다. 사울은 백성들이 "사울의 죽인 자는 천천이요, 다윗은 만만이로다"라고 노래하는 것을 듣고 나서, 이 말에 불쾌하여 심히 노하였고, 그날 이후로 다윗을 주목하게 되었습니다(사무엘상 18:8-9 참조). 그리스도인이 자기 삶에서 하나님을 하나님이 되시게 해드리지 않으면 하나님을 하나님 되시게 해드리는 자들을 싫어하기 시작할 것입니다. 비록 다윗이 엘라 골짜기에서 한 명의 적을 패배시키긴 했으나 그는 사실상 더 많은 적들을 만들고 있었습니다. 그리고 그들 중 많은 수가 하나님의 백성 가운데 있었습니다. 하나님을 잘 알아야 할 사람들이 종종 다른 사람들이 하나님과의 관계에서 진보를 보이면, 특히 그들이 자기보다 나이가 더 어리거나 믿은 지가 더 오래 되지 않았으면, 시기심을 갖게 됩니다. 다윗에게 있어서는 나라에서 가장 힘있는 사람의 적이 되는 것이 하나님께 순종하기 위해 치러야 할 대가였습니다.

사울은 비록 하나님의 약속들을 알고 있었고 과거에 하나님께서 약속들을 신실하게 이행해 주시는 것을 경험하기도 했지만, 나중엔 언제 어떤 것을 순종할지를 선택하기 시작했습니다. 이것이 사울의 삶에서의 비극이었습니다. 그의 순종이 꾸준하지 못했기 때문에 그에게 있어서는 하나님의 공급도 꾸준하지 못한 것으로 보였을 것입니다. 하나님의 공급이란 오직 하나님의 계획들을 위한 것이기 때문입니다. 아무라도 하나님의 계획에서 벗어나면 하나님의 충분성을 경험하지 못할 것입니다. 이것이 사울의 문제였습니다. 그는 초창기의 성공뿐 아니라 이제 실패의 기록도 갖고 있었습니다. 그는 교만하고 불순종하는 자신이 실패의 원인이라는 사실을 직시하기보다는 하나님의 충분성을 의심했을 것입니다. 골리앗과 맞서게 되었을 때, 그는 자신이 무엇을 해야 할지는 알았지만, 다윗과는 달리 그는 선택적으로 순종을 한 역사를 가지고 있었고, 이것이 그로 하여금 얼마나 변함없이 하나님은 온전히 신뢰할 만한 분이신지를 배우지 못하게 했었기에 순종을 할 수가 없었을 것입니다.

당신은 믿음으로 삽니까? 그것은 하나님께 대한 당신의 순종 및 신뢰와 관계가 있습니다. 이 둘은 불가분의 관계에 있습니다. 그것은 그리스도를 당신의 주님으로 인정하는 것과 그분이 당신의 생명임을 깨닫는 것과도 관계가 있습니다. 하나님께서 당신에게 어떤 일을 주셨든, 그리고 장차 어떤 일을 주시든, 그분은 당신이 그것을 성취하는 데 아주 충분하신 분입니다. 당신은 그 사실을 교회 좌석에 앉아서, 혹은 교실에서 공부하면서, 혹은 이 책을 읽음으로써 입증하지는 못할 것입니다. 이런 식으로 원리를 배우기는 하겠지만 이 원리가 실체로 변하는 곳은 당신의 엘라 골짜기이며, 거기서 당신은 자신의 힘만으로는 이성적으로는 승리의 가망이 없는 거인 상대와 맞서야 합니다. 그러나, 당신에게 주어진 하나님의 약속과 당신 속에 계신 하나님을 신뢰하면서 발걸음을 내디딤으로써, 하나님의 영광과 능력과 선하심을 맛보는 즐거움을 누리도록 하십시오.

항상 안락하지는 않을 것이며, 늘 승리를 맛보는 것도 아닐 것입니다. 때때로 하나님께서는 당신을 이해할 수 없는 환경으로 이끄시고 아무런 설명도 해주지 않으실 것이며, 때때로 아무 의미도 찾을 수 없는 사건에 당신이 휘말리기도 할 것입니다. "이는 우리가 믿음으로 행하고 보는 것으로 하지 아니함이로라"(고린도후서 5:7). 우리는 믿음으로 행하고 보는 것으로 행하지 않아야 합니다. 하나님께서는 그분이 하시는 일을 계속 설명해 주셔야 하는 것은 아닙니다.

11

그리스도 안에서, 그리고 행동으로

하나님께서는 이 세상을 위한 계획들을 가지고 계실 뿐 아니라, 이 세상 안에서 계획들을 가지고 계십니다. 날마다 하나님의 목적은 성취되어 갑니다. 그러나 어떻게 성취되어 갑니까? 그분의 목적은 기본적으로 사람들을 통해, 그것도 아주 평범한 사람들을 통해 성취됩니다.

영적으로 어린 그리스도인이었을 때, 나는 하나님께서 사용하기 좋아하시고 통해 일하시기 좋아하시는 특별한 사람들이 있다고 믿었습니다. 그들은 신선함과 생동감이 넘치는 삶을 살아 다른 사람들을 그리스도께로 인도하는 사람들이었습니다. 나와 같은 사람들이 하나님의 계획을 위해 기여할 수 있는 것은 기껏해야 하나님께서 사용하고 계시는 사람들을 위해 기도하고 지원하는 것뿐이라고 생각했습니다. 나는 그들을 통해 역사하시는 바로 그 하나님이 나를 통해서도 역사하실 수 있다고는 기대하지 못했습니다. 나는 하나님의 계획은 평범한 사람들과는 무관하다고 잘못된 결론을 내렸었습니다. 평범한 사람들은 기본적인 규칙들이나 지키면서 사이드라인 바깥에서 그저 구경하며 감탄이나 해야 하는 것으로 생각했습니다.

사실은 예수 그리스도께서 바로 그러한 평범한 사람들을 통해 일하십니다. 하나님께서는 처음부터 특별히 마음에 들어하시는 사람이 있는 게 아닙니다. 누구나 기꺼이 자신을 통해 하나님께서 일하시게 해드리는 사람을 통해 하나님께서는 일하십니다.

하나님의 계획들이 사람들을 통해 성취된다는 말은 사실이지만, 더 정확하게 말하면 하나님의 계획은 그리스도입니다. 하나님께서는 예수 그리스도 밖에서는 어떤 계획도 가지고 계시지 않으며, 우리는 "그리스도 안"에 있음으로써 그러한 계획들을 이루는 데 참여합니다. 우리로 하여금 하나님의 계획에 참여할 수 있게 하는 것은 바로 그리스도와의 연합입니다.

이 마지막 장에서, 나는 이 말이 당신과 나에게 무엇을 의미하는지 알아보기 원합니다.

어떤 사람이 그리스도인이 될 때 두 가지 일이 일어납니다. 그리스도께서 그 사람 안에 거하시게 되며, 그 사람은 그리스도 안에 거하게 됩니다. 우리는 우리 안에 계신 그리스도에 대해서는 이미 많이 다루었으나, 우리가 "그리스도 안"에 거하는 것이 무엇을 의미하는지 이해하는 것도 똑같이 중요합니다. 이 말은 바울이 그리스도인과 주 예수 그리스도와의 관계를 설명하기 위해 자주 사용한 표현입니다. "그리스도 안"이라는 표현은 바울 서신에서만 찾아볼 수 있지만, 그 개념은 다른 곳에도 나타나 있습니다.

사도행전에 보면 많은 사람들이 "주께로 나왔다"(5:14 참조), "주께 더

했다"(11:24 참조)라고 기록되어 있습니다. 선포된 복음에 응답한 이 사람들은 단지 무슨 조직이나 종교 단체에 더해진 것이 아니라, 주 예수님 그분께 더해진 것이었습니다. 경이로운 방법으로 그들은 예수 그리스도께 합쳐졌으며, 그리하여 그들은 예수님의 몸의 일부가 되었습니다.

바울은 교회를 "그리스도의 몸"이라고 일컬었으며, "우리가 유대인이나 헬라인이나 종이나 자유자나 다 한 성령으로 세례를 받아 한 몸이 되었고, 또 다 한 성령을 마시게 하셨느니라"(고린도전서 12:13)고 했습니다. 그리스도와의 이 연합은 매우 중요해서 교회는 그분의 몸, 곧 이를 통해 그분의 생명과 목적들이 표현되고 성취되는 육체적 존재로 묘사되고 있습니다.

신약성경에서 교회는 건물이나 조직이 아니며, 그것은 자기들의 죄를 회개하고 주 예수 그리스도를 믿음으로 성령을 모시게 되었고 그분의 몸에 합쳐진, 갖가지 배경과 피부 색깔을 가진 남녀노소를 말하는 것입니다. 교회는 조직이 아니라 하나의 유기체이며, 예수 그리스도께서 내주하심으로 말미암아 구성원이 된 사람들로 이루어진 살아 있는 몸입니다. 주님이신 예수 그리스도의 생명을 나눔으로써 우리는 그분의 몸의 일부가 되는 것입니다.

몸의 가치

교회를 그리스도의 몸으로 이해하기 위해 당신의 몸에 대해 생각해 보십시오. 당신의 몸은 당신이 아니요 단지 당신이 사는 장소일 뿐입니다. 사도 바울은 우리 몸을 "땅에 있는 우리의 장막집"(고린도후서 5:1)이라고 묘사했습니다. 당신의 두 다리와 두 팔을 다 잃어버린다면 몸의 절반쯤을 잃어버리는 셈이지만 그래도 당신은 이전과 마찬가지로 사람입니다. 당신이 이전처럼 활동을 할 수는 없겠지만 당신은 이전과 동일한 사람인 것입니다.

당신의 몸은 당신의 집이지만 당신은 아닙니다. 교회는 주 예수 그리스도의 집이지만 그분 자신은 아닙니다. 그러나 당신의 몸은 당신에게 매우 중요합니다. 이는 당신이 행하는 모든 것은 당신의 몸으로 하기 때문입니다. 당신은 직장에서 몸으로 일을 합니다. 당신이 게임을 즐기거나 영화를 볼 때 몸으로 그렇게 합니다. 당신이 어떤 야망을 가지고 있든, 그것을 실현하기 위해서는 몸이 필요합니다. 몸은 그 안에 살고 있는 당신을 표현하기 위한 수단이며, 이를 통해 당신의 생각을 말하고, 당신의 계획을 수행하며, 당신의 일을 합니다. 몸이 없이는 이 어느 것도 행해질 수 없습니다.

내가 전도를 하기 위해 어디를 가게 되어 친구에게 같이 가자고 부탁했더니, 친구가 "오늘은 자네와 함께 가지 못해 미안하네. 하지만 내 마음은 자네와 함께 있을 걸세"라고 대답했다고 합시다. 그런 말을 들을 때마다 나는 그런 마음을 가져 주는 데 대해 고마움을 느낍니다. 그러나 그들에게 개회 기도를 해달라고 하거나 특송을 해달라고 부탁할 수는 없습니다. 몸은 없이 마음으로 함께한다는 것은 별로 도움이 안 됩니다. 일을 하려면 몸이 필요합니다.

예수 그리스도께서는 이 세계를 위한 위대한 계획을 가지고 계시며, 그것들을 성취하시기 위한 수단을 만드셨습니다. 그것은 몸이며, 그 몸 안에 그분이 사시며, 그 몸을 통해 그분의 생각을 말씀하시며, 그분의 계획을 성취하시며, 그분의 일을 행하십니다. 그것은 유대 땅에서 33년간을 보내실 때 그분이 사셨던 하나로 된 몸이 아닙니다. 그것은 오순절 날 그에게 주어진 몸이요, 오순절은 그 몸의 생일입니다. 그날 제자들은 그리스도의 생명과 같은 새로운 생명을 받았고, 예수님은 새로운 몸을 입으셨습니다. 예수님은 일을 하는 새로운 손을 갖게 되었는데, 그것은 바로 제자들의 손이었습니다. 그분은 일을 하러 다니시기 위한 새로운 발을 가지시게 되었는데, 그것은 곧 제자들의 발이었습니다. 그분은 말을 하기 위한 새로운 입을 가지게 되었는데, 그것은 바로 제자들의 입이었습니다.

그분은 사랑을 할 새로운 심장을 취하셨는데, 그것은 곧 제자들의 심장이었습니다.

그때부터, 지상에서 사실 동안 하나로 된 몸으로 일하셨던 바로 그 주 예수 그리스도께서는 새로운 몸인 교회를 통해 일을 계속하시게 되었습니다. 주님께서는 교회의 머리이자 생명이시며, 그분의 일은 그분의 백성들의 삶과 몸을 통해 행해지게 되었습니다.

이것이 사도행전의 주제입니다. 누가는 사도행전을 기록하기 시작하면서 "데오빌로여, 내가 먼저 쓴 글에는 무릇 예수의 행하시며 가르치시기를 시작하심부터 그의 택하신 사도들에게 성령으로 명하시고 승천하신 날까지의 일을 기록하였노라"(사도행전 1:1-2)고 하였습니다. "내가 먼저 쓴 글" 즉 누가복음이 예수님께서 친히 육체의 몸으로 계시면서 행하시며 가르치시고 승천하신 날까지의 일을 기록한 것이라면, 두 번째 글인 사도행전은 예수님께서 오순절에 그분께 새롭게 주어진 새로운 몸인 교회를 통해서 행하시며 가르치신 것들의 기록으로 볼 수 있습니다. 오순절 사건은 새로운 몸의 창조요, 이제 그 몸을 통해 예수 그리스도의 생명과 성품과 활동과 목적들이 표현되고 성취되기 시작한 것입니다.

우리가 이 사건을 하나님의 관점에서 이해하는 것이 중요합니다. 바울은 에베소 교인들에게 "너희 마음 눈을 밝히사 그의 부르심의 소망이 무엇이며, 성도 안에서 그 기업의 영광의 풍성이 무엇이며, 그의 힘의 강력으로 역사하심을 따라 믿는 우리에게 베푸신 능력의 지극히 크심이 어떤 것을 알게 하시기를 구하노라"(에베소서 1:18-19)라고 썼습니다. '우리의 기업'을 즐거워하는 것은 좋은 일이며, 바울은 같은 장의 앞부분에서도 이에 대해 썼습니다:"그 안에서 너희도 진리의 말씀 곧 너희의 구원의 복음을 듣고 그 안에서 또한 믿어 약속의 성령으로 인치심을 받았으니, 이는 우리의 기업에 보증이 되사 그 얻으신 것을 구속하시고 그의 영광을 찬미하게 하려 하심이라"(에베소서 1:13-14). 그러나 우리는 '우리의 기업'을 넘어서 성도 안에서 '주님의 기업'의 영광이 무엇인지 이해할 필요가 있습니다. 우리가 구원받음으로써 우리만 유익을 누리는 것이 아닙니다. 하나님께서도 유익을 얻습니다. 바울은 에베소 교인들이 하나님 안에서 그들이 받은 것에만 관심을 가짐으로써 그들의 신앙 생활이 이기적이 되지 않고, 하나님께서 그들 안에서 얻으신 것이 무엇인지 알게 되기를 기도했습니다.

교회를 그리스도의 몸으로 만드는 특성들은 당신의 살과 뼈를 당신의 몸으로 만드는 특성들과 동일합니다. 당신의 몸은 당신의 생명이 머무는 집이며, 당신의 머리의 지시를 따라 움직입니다. 이와 유사하게, 바울은 에베소 교인들에게 그들이 "성령 안에서 하나님의 거하실 처소가 되기 위하여 예수 안에 함께 지어져 가며"(에베소서 2:22), 머리 되신 그리스도의 지시하에 기능을 발휘하게 된다(에베소서 1:10, 4:15-16 참조)는 사실에 대해 말했습니다.

그리스도의 생명이 그분의 몸 된 교회를 통해 실제로 어떻게 나타나느냐에 대해 토의하기에 앞서, 나는 이것이 그리스도인이 되는 데 있어서 본질적이요 중요한 부분이지, 나중에 추가될 어떤 것이 아님을 분명히 하고자 합니다. 그리스도께서 우리 안에 거하시게 되는 것과, 우리가 그리스도 안에 거하게 되는 것은 동시에 일어나는 것입니다.

이해를 돕고자 현대 의술의 경이 가운데 하나인 미세 외과 수술의 실례를 하나 소개하겠습니다. 그것은 절단된 손가락이나 팔, 다리 등을 본래 위치에 접합해 가능한 한 정상에 가깝게 기능을 발휘하게 하는 수술입니다.

한 농부가 논에서 트랙터로 작업을 하다가 사고가 나서 트랙터에 팔이 잘리게 되었습니다. 그때 그는 정신을 잃지 않고 절단된 팔을 다른 손에 들고 500미터 정도 떨어진 곳에 있는 가장 가까운 집으로 갔습니다. 그 집에 도착해서 문을 두드려서 그 집 안주인에게 설명하자 그녀는 전화로 앰뷸런스를 불렀습니다. 앰뷸런스가 도착하여 그 사람과 팔을 병원으로 옮겼고, 장시간의 어려운 수술 끝에 그 팔은 원위치에 접합되었습니다.

몇 개월 후 나는 그 사람이 다시 일터에서 일하고 있는 사진을 보았습니다. 그의 팔은 아직까지 완전히 기능을 발휘하지는 못하고 있지만, 의사는 그 팔을 결국은 정상적으로 사용할 수 있게 될 것이라고 예견하고 있습니다.

농부의 팔이 제자리에 접합되었을 때 두 가지 일이 동시에 일어났습니다. 그 팔은 몸의 생명을 받게 되었으며, 동시에 몸은 그 팔을 받은 것입니다. 팔이 절단되었을 때 그것은 생명이 없었습니다. 당신이 그것의 손바닥을 간지럽게 한다고 해도 아무 반응이 없었을 것이며, 그것의 엄지손가락을 꼬집는다 해도 아무 반응이 없었을 것입니다. 모든 의도와 목적들에 대해 그것은 죽었습니다.

우리가 그리스도와 분리되어 있었을 때 바로 위와 같은 상태에 있었습니다. 그래서 에베소서 2:1에는 "너희의 허물과 죄로 죽었던 너희"라고 묘사되어 있는 것입니다. 그 팔이 다시 몸에 접합되었을 때, 수술의 성공 여부는 그 팔에 생명이 다시 회복되었느냐에 의해 가늠됩니다. 그 생명은 팔이 몸에 돌아온 바로 그 순간 팔에 돌아왔습니다. 의사들이 아무리 실력이 뛰어나다 해도 절단된 팔에 먼저 생명을 불어넣을 수는 없습니다. 즉 별도의 수술에 의해 팔에 생명을 불어넣은 후 그 살아 있는 팔을 몸에 다시 접합시킬 수는 없다는 말입니다. 손목을 움직이며, 주먹을 쥐며, 손가락으로 가리킬 수 있는 살아 있는 팔이 몸과는 분리되어 있는 것을 상상이나 할 수 있겠습니까? 그런 일은 절대로 있을 수 없습니다!

이와 마찬가지로 영적인 새로운 출생도 성령을 받아 그리스도께 합쳐지는 것과 불가분의 관계가 있습니다. 그분의 생명이 우리에게로 들어오는 것은 우리가 그분의 몸에 연합되는 것과 동시에 일어납니다. 우리는 그분이 우리의 생명이 되는 바로 그 순간에 그분의 몸의 일부가 되는 것입니다. 두 사건은 서로 분리될 수가 없습니다.

하나님께서는 당신을 사용하신다

하나님께서 자신의 뜻과 목적들을 이행하시는 방법은 여러 가지가 있지만, 기본적인 방법은 몸 된 교회를 통한 것입니다. 우리가 개인적으로 하는 모든 것은 우리 몸을 통해서 이루어지며, 주 예수 그리스도께서 사람들 가운데서 행하고 계시는 모든 것은 그의 몸 된 교회를 통하여 이루어집니다.

나는 당신이 어떻게 그리스도를 알게 되었는지 알지 못합니다. 그러나 한 가지 사실은 알 수 있습니다. 즉 어떤 사람이 매개체가 되었다는 것입니다. 아마도 당신은 누군가가 복음을 전파하는 것을 귀담아들었을 것이며, 이런 수단을 통해 성령께서는 당신에게 당신의 필요를 깨닫게 해주셨으며, 또한 예수 그리스도만이 그 필요를 채워 주실 수 있다는 것을 깨닫게 해주셨을 것입니다. 어쩌면 당신은 누군가가 쓴 책을 읽었거나, 성경을 읽었을 것이며, 그 결과 당신은 그리스도를 알게 되었을 것입니다. 당신의 직장이나 학교에서, 또는 이웃 가운데서 당신은 어떤 사람의 삶이 당신의 삶과 너무나 달라 그 사람이 소유하고 있는 것이 무엇인지 알고픈 열망이 생겼을 것이며, 당신은 그것이 그리스도라는 것을 알게 되었을 것입니다. 당신이 그리스도를 알게 되는 과정의 어딘가에서 하나님께서 자신에 대해 말씀해 주시기 위해 사람들을 사용하셨습니다.

하나님께서는 다른 사람들을 통해 일하셔서 당신에게 나아오셨으며, 지금은 당신을 통해 일하셔서 다른 사람들에게 나아가십니다. 주 예수 그리스도를 섬기는 것은 그리스도인의 삶에서 선택 가능한 것이 아니라 그리스도와의 관계에서 필수불가결한 부분입니다. 그리스도께서는 몸 된 교회를 통해 자신을 나타내기를 원하시며, 그러므로 그리스도를 섬기는 일에 무관심한 것은 그리스도께 고의적으로 불순종하는 것입니다. 한 그리스도인이 하나님께서 그에게 주신 섬길 기회를 활용하지 않으면 하나님께서는 그 사람 대신 다른 사람을 그 일에 사용하신다는 말을 들은 적이 있습니다. 나는 전혀 그 말을 수긍할 수 없습니다. 나는 하나님께서는 불순종하는 그리스도인의 자리를 채우기 위해 많은 그리스도인들을 사이드라인에 대기시켜 두셨다고 생각지 않습니다. 예수님께서는 제자들에게 "추수할 것은 많되 일꾼은 적다"(마태복음 9:37)고 하셨습니다. 하나님의 나라를 위한 일에 있어서는, 사람들이 하고자 하는 것보다 언제나 더 많은 일이 있습니다.

구약성경에서 하나님께서는, "이땅을 위하여 성을 쌓으며, 성 무너진 데를 막아 서서 나로 멸하지 못하게 할 사람을 내가 그 가운데서 찾다가 얻지 못한 고로, 내가 내 분으로 그 위에 쏟으며, 내 진노의 불로 멸하여 그 행위대로 그 머리에 보응하였느니라. 나 주 여호와의 말이니라"(에스겔 22:30-31)고 하셨습니다. 하나님께서는 합당한 사람을 찾아 그를 통해 일하고자 하셨으나 찾지 못하셨기 때문에 일은 행해지지 않았습니다. 하나님께서는 노를 쏟으실 수밖에 없었습니다. 하나님께서는 우리의 불순종에 의해 허를 찔리거나 하시지는 않습니다. 하나님께서는 사람들을 통해서 일을 하십니다.

몇 해 전에 예수님의 승천과 관련된 재미있는 이야기를 들은 적이 있습니다. 그것은 지어낸 이야기에 불과하지만 담겨져 있는 교훈은 내가 말하고자 하는 바와 같습니다. 예수님께서 천국에 돌아오시자 모든 천사들이 주위에 몰려들었으며, 33년간 지상에 계시느라 천국을 떠나 계시다가 다시 돌아오신 것을 환영했습니다. 그들은 예수님께서 사람이 되어 어떻게 지내셨는지, 그리고 사람들이 그분께 어떤 반응을 보였는지 물었습니다. 예수님께서는 자신이 처음에는 인기가 있었으나, 나중에는 거부당하고 십자가에 못박히게 되었으며, 이어서 죽음으로부터 부활했노라고 말씀하셨습니다. 예수님께서는 계속해서 설명하시기를, 부활 후 40일 동안 열한 제자와 함께 시간을 보내면서 자신이 부활하신 증거를 그들에게 보여 주며, 하나님의 나라에 대해 가르쳤다고 말씀하셨습니다. 그러자 한 천사가 "이제 천국에 돌아오셨으니 앞으로는 어떻게 일하실 계획이십니까?"라고 물었습니다.

예수님께서는 "내가 하던 일을 계속하기 위해 그 열한 명을 남겨 두었다"고 대답하셨습니다.

"겨우 열한 명이요?" 하고 한 천사가 외쳤습니다. "그들이 만약 실패하면 어떻게 됩니까?"

예수님께서는 "그 열한 명이 실패한다 해도 다른 계획은 없다"고 대답하셨습니다.

이 이야기를 믿지는 않지만, 그 주장하는 바는 믿습니다. 물론 그 열한 명은 성령으로 충만해져야 할 것입니다. 어쨌든 주 예수 그리스도의 일은 바로 그 사람들을 통해 계속 수행되어야 했습니다.

많은 그리스도인들이 곧이듣고 있는 사탄의 거짓말 가운데 하나는 "하나님은 너를 사용하실 수 없다"는 것입니다. 다른 사람들을 사용하시는 하나님의 능력은 인정하면서도 우리 자신을 사용하실 것으로는 기대하지 않는 것은 성령을 슬프게 할 뿐만 아니라 삶에서 위대한 모험을 할 기회를 놓치는 것이 됩니다.

몇 년 전 나는 약 100명이 참석하는 청소년 캠프의 지도 목사로 초빙을 받았습니다. 10명이 한 조가 되어 조그만 텐트 속에서 잠을 잤는데, 그 텐트들은 우리가 식사를 하고 날마다 모임도 갖는 큰 텐트를 빙 둘러싸게 배치되어 있었습니다. 하루 일과 중 마지막 30분 동안은 각 조에서 조장의 인도 하에 우리가 "조용한 시간"이라고 불렀던 시간을 가졌습니다. 그들은 그날의 활동들을 되새겨 보기도 하고, 자신들이 배운 것을 나누기도 했으며, 성경을 읽고 기도를 한 후에야 잠자리에 들었습니다. 어느 날 저녁, 그 "조용한 시간"에 나는 큰 텐트 내에서 다른 지도자 한 사람과 이야기를 나누고 있었는데, 갑자기 조장 하나가 문을 확 열고 들어왔습니다.

"잠깐만 시간 있으세요?" 하고 그가 내게 물었습니다. "우리 텐트에 있는 한 사람이 예수님을 믿고 싶대요. 저는 그 애와 그 문제에 대해 하루 종일 대화해 왔고, 조금 전에 물었더니 그는 자신을 그리스도께 드릴 준비가 되어 있다고 대답했습니다."

"그러면 왜 나를 데리러 왔지?" 하고 내가 물었습니다.

"목사님이 이 캠프의 지도 목사님이기 때문입니다!"

"그것이 내가 이곳의 영적 산파라는 말은 아니야. 네가 직접 그를 그리스도께로 인도하도록 해라."

"저는 그런 일을 해본 적이 한 번도 없습니다. 전 뭐라고 말해야 하는지도 몰라요."

"하지만, 기회가 있을 때마다 매번 다른 사람을 찾으러 다닌다면 너는 결코 사람들을 그리스도께 인도할 수 없을 것이다. 너는 그 애와 하루 종일 이야기했다고 했지. 그렇다면 너는 당연히 무엇을 말해야 할지 알고 있어!" 그리고 나는 그가 돌아가서 그 애에게 혼자서 이야기하면 우리는 큰 텐트에 머무르며 그를 위해 기도해 주겠다고 했습니다.

그 조장은 그 방법을 별로 좋아하지 않았습니다. 그는 이번에 내가 그 애를 주님께로 이끄는 것을 잘 보고 다음에 기회가 있으면 다른 사람을 그리스도께로 이끌어 보겠다고 했습니다. 그러나 나는 그가 직접 해보는 것이 그를 위해 좋겠다는 생각이 들어 그 생각을 그에게 말하고 대신 기도를 해주기로 약속했습니다. 그 조장은 싫어했지만 결국은 되돌아갔습니다.

반 시간 정도가 지난 후 그는 우리 텐트로 뛰어 들어오면서, "목사님, 무슨 일이 일어났는지 짐작하실 수 있겠어요?"라고 외쳤습니다.

"몇 번 만에 알아 맞힐까?"라고 내가 물었습니다.

"한 번 만에 맞혀 보세요."

"그 애가 그리스도께 돌아왔지?"

그 조장은 앉더니, 그리스도를 영접하는 것의 중요성과 삶을 그리스도께 드리는 데 따르는 것들이 무엇인지에 대해 어떻게 그 애에게 말해 주었는지 설명했습니다. 그 애는 기꺼이 그리스도께 자신을 드리고자 하는 마음을 나타냈고, 그 조장의 권면을 받아들여 그리스도께 자기 마음속에 들어오셔서 구주와 삶의 주인이 되어 달라고 기도했습니다.

"그건 실로 꿈만 같았습니다. 제가 큰 소리로 외치며 달려온 것을 이해할 만하시죠?"라고 그는 내게 말했습니다.

그 주간 동안 그 조장은 두세 명의 사람을 더 그리스도께로 인도했습니다. 그는 그리스도인이 된 지 여러 해가 되었지만, 하나님께서 다른 사람들을 사용하시듯이 자신을 사용하시지는 않으실 것이라고 생각하고 있었던 것입니다. 그 캠프에서 그는 사이드라인을 떠나 행동을 취하고픈 열망을 얻게 되었으며, 삶에서 새로운 모험을 즐기기 시작했습니다. 하나님께서는 그를 사용하실 수 있었으며 계속 사용하실 것입니다.

이러한 특권은 또한 당신의 것이기도 합니다. 하나님께서는 서로 다른 사람들을 서로 다른 방법으로 사용하신다는 것은 사실이며, 우리 가운데 그 누구도 어떤 다른 사람과 동일한 방법으로 사용되지는 않을 것입니다. 우리가 자신과 자신의 능력에 대해 어떻게 생각하든, 주 예수 그리스도께서는 우리를 그분의 몸의 일부요, 그분의 일을 하기 위한 수단이 되도록 부르셨습니다. 우리는 단지 일이 아니라 몸의 머리인 그리스도께 자신을 드려야 하며, 그리하여 그분이 우리를 주장하사 자신의 모든 계획을 성취하실 수 있도록 해드려야 합니다.

예수님께서는 제자들에게 "추수할 것은 많되 일꾼은 적다"고 하신 후, "그러므로 너희는 가서 너희가 할 수 있는 최대한으로 복음을 전하라"고 지시하지 않으시고, "그러므로 추수하는 주인에게 청하여 추수할 일꾼들을 보내어 주소서 하라"(마태복음 9:38)고 하셨습니다. 그들은 달려나가 있는 힘을 다해 일을 해야 하는 것이 아니라, "추수하는 주인"에게 가서 일꾼이 부족하다는 사실을 알리고 추수할 일꾼들을 보내 주시도록 요청해야 합니다. 그리함으로 주인은 자신이 선택한 때에 자신이 선택한 사람들에게로 그들을 인도하실 수 있을 것입니다. 주님은 전략가이시며, 그분만이 우리가 어디서 무엇을 해야 할지를 아십니다.

사도행전에서 사도들과 초대교회 지도자들은 어떤 전략이 아니라 그리스도께 헌신되어 있었습니다. 주님으로부터 나온 전략은 어떤 것이라도 좋았지만, 그들은 주님께 헌신되어 있었습니다. 사도행전 8장에 보면 복음은 사마리아까지 전파되었는데, 이는 특히 빌립의 사역에 힘입은 바가 컸습니다. 거기에서 예루살렘 이외의 지역 중에서는 가장 좋은 반응을 얻었으며, 빌립은 그곳의 중심 되는 지도자요 전도자였습니다. 그러나 사도행전에는 "주의 사자가 빌립더러 일러 가로되, '일어나서 남으로 향하여 예루살렘에서 가사로 내려가는 길까지 가라' 하니, 그 길은 광야라. 일어나 가서 보니"(사도행전 8:26-27)라고 기록되어 있습니다.

그러한 상황에 처했을 때 당신이라면 어떤 반응을 나타냈겠습니까? 빌립은 사마리아에서 모여든 거대한 무리에게 복음을 전하는 일에 하나님께 놀랍게 사용되고 있었습니다. 그때 그는 그곳을 떠나 광야 길로 내려가라는 지시를 받은 것입니다. 그 광야에는 아무도 살고 있지 않았습니다. 그는 복음 전파의 좋은 기회로부터 떠나야 했습니다. 그러나 빌립은 일어나 갔으며, 에디오피아의 내시를 만났습니다. 빌립은 이 사람을 그리스도께 인도하여 세례를 주었고, 그를 에디오피아로 보냄으로써 아프리카 지역에 복음이 전파되도록 했습니다. 빌립은 단지 복음 전파에 헌신되어 있는 것이 아니라, 예수 그리스도께 헌신되어 있었던 것입니다. 만약 오직 위대한 전도자가 되는 데 자신을 헌신했더라면 그는 사마리아를 떠나지 않았을지도 모릅니다.

하나님께서는 우리가 어떤 목적이나 이상에 헌신하기를 원치 않으시며, 오직 그리스도께 우리 자신을 드리길 원하십니다. 하나님께서는 어떤 특별한 목적을 위해 우리의 삶을 드리도록 부르실지도 모르나, 우리의 헌신은 기본적으로 그리스도께 대한 헌신이어야 하며, 그 결과 그분이 우리에게 하라고 주신 일이 무엇이든 그 일에 헌신해야 합니다. 주 예수 그리스도께서는 매일 우리를 통해 자신을 나타내시며, 우리가 인지하든 못하든간에 그분의 일을 성취하십니다. 이것은 우리의 특권이요 또한 우리의 책임이기도 합니다.

우리 속에 계신 그리스도께서는 우리에게 **능력**을 주십니다. 우리는 예수님으로부터 온 능력 이외의 다른 것으로는 효과적으로 그리스도인의 삶을 살 수가 없습니다. 왜냐하면 예수님께서는 "나를 떠나서는 너희가 아무것도 할 수 없다"(요한복음 15:5)고 하셨기 때문입니다. 또한 그리스도 안에 거한다는 것은 우리에게 목적을 줍니다. 주님께서 주시는 능력은 우리 자신을 위해 살도록 주시는 것이 아니요, 몸의 머리이신 예수님의 계획을 수행할 수 있도록 하기 위한 것이기 때문입니다.

우리 속에 계신 그리스도께서는 우리에게 **자원**을 공급해 주십니다. 우리가 필요로 하는 모든 것은 다 주 예수 그리스도 안에서 우리 것입니다. 그러나 그리스도 안에 거한다는 것은 또한 우리에게 **책임**을 부여해 줍니다. 그분의 몸의 일부로서 내가 해야 할 가장 중요한 질문은 "주님께서는 제가 무엇을 하기 원하십니까?"입니다.

우리 안에 계신 그리스도는 능력의 주님이십니다. 그러나 그리스도 안에 거하면 많은 할 일이 따릅니다. 그리스도께서는 하시고자 하는 것이 있으면, 그것을 행하기 위한 수단으로 우리를 사용하실 권리가 있습니다. 광야 길에 '에디오피아 내시'와 같은 사람이 있다면, 그리스도께서는 당신에게 당신의 사마리아를 떠나 그를 만나러 광야 길로 가라고 말씀하실 권리가 있습니다. 그러나 주님께서는 우리에게 하시는 모든 요구에 대해서 그것을 수행할 수 있도록 우리 속에 내주하시는 성령을 통해 우리에게 능력을 주십니다.

이것이 그리스도인의 삶입니다. 우리의 죄 때문에 하나님의 형상을 세상에서 나타내지 못했음을 직시할 때, 우리는 십자가로 나아갔습니다. 거기서 우리는 죄 사함을 받았습니다. 이제 성령께서 우리 속에 거하십니다. 우리는 그리스도와 한 몸이 되었습니다. 그리하여 그분의 생명과 목적을 나타내기 위한 통로가 되었습니다. 세상은 이 사실을 꼭 알아야 합니다. 그러나, 그들이 당신과 나의 삶에서 예수 그리스도의 생명과 성품이 나타나는 것을 볼 때까지는 그 사실을 믿는 데 어려움을 느낄 것입니다. 삶에서 예수님의 생명과 성품을 나타내는 것, 이것이 당신을 위한 하나님의 목적입니다!

네비게이토 출판사에서 출판한 책은
전국 유명 기독교 서점에서 구입할 수 있습니다.

진정한 그리스도인

초판 1쇄 발행 : 1996년 1월 20일

초판 3쇄 발행 : 2000년 5월 10일

펴낸곳 : 네비게이토 출판사 ⓒ

120-180 서울시 서대문구 창천동 497

전화 : 334-3305(대표), 334-3037(주문)

FAX : 334-3119

출판등록 : 제10-111호(1973년 3월 12일)

ISBN 978-89-375-0184-5   03230